综|合|交|通|运|输|研|究|论|丛

# 综合交通
# "一张图"
# 关键技术与应用

范文涛　张晓征　崔应寿　尚赞娣　刘柳杨◎编著

人民交通出版社

北京

# 内 容 提 要

本书深入探讨了构建综合交通"一张图"的理论基础、技术方法及业务应用,全面阐述了交通基础设施数据的采集、融合处理、存储以及服务发布等关键过程,并介绍了如何运用高可用和负载均衡、地理信息服务编排、基于对象存储的大规模并行分布式集群等先进技术构建综合交通"一张图"。同时,从实际业务应用的角度出发,总结了综合交通"一张图"的实践成效。

本书可供交通运输主管部门管理人员搭建交通行业地理信息系统参考使用,也可用于指导技术人员应用地理信息技术解决交通地理信息数据采集、处理、融合、存储以及对外提供服务等业务需求。

**图书在版编目(CIP)数据**

综合交通"一张图"关键技术与应用／范文涛等编
著. — 北京 : 人民交通出版社股份有限公司, 2025. 6.
ISBN 978-7-114-20524-8

Ⅰ. F512.3

中国国家版本馆 CIP 数据核字第 2025QS8222 号

审图号:GS 京(2025)1240 号

Zonghe Jiaotong"Yi Zhang Tu"Guanjian Jishu yu Yingyong

书　　名:**综合交通"一张图"关键技术与应用**
著 作 者:范文涛　张晓征　崔应寿　尚赞娣　刘柳杨
责任编辑:齐黄柏盈
责任校对:赵媛媛　刘　璇
责任印制:张　凯
出版发行:人民交通出版社
地　　址:(100011)北京市朝阳区安定门外外馆斜街 3 号
网　　址:http://www.ccpcl.com.cn
销售电话:(010)85285857
总 经 销:人民交通出版社发行部
经　　销:各地新华书店
印　　刷:北京建宏印刷有限公司
开　　本:787×1092　1/16
印　　张:11.5
字　　数:167 千
版　　次:2025 年 6 月　第 1 版
印　　次:2025 年 6 月　第 1 次印刷
书　　号:ISBN 978-7-114-20524-8
定　　价:88.00 元

(有印刷、装订质量问题的图书,由本社负责调换)

# 本书编写人员

**主要编写人员：** 范文涛　张晓征　崔应寿　尚赞娣　刘柳杨

**参与编写人员：** 周　舟　段晓辉　张淑珍　马　骁　马景宇

尚春璐　闫　馨　李洪囤　周　健　曹剑东

胡希元　黄海涛　武　丽　王　屾　刘振华

田　亮　黄窈蕙　卢子璘　郭尚峰　马　婕

张　龙　杨　欢　李慧娟　汪盛楠　乔力华

孙艳敏　刘金鹤　王　臻　张　冰　刘明霞

刘曾蕙

**顾　　问：** 王晓曼　李　刚　于胜英　费维军　崔学忠

孔凡国　朱卫东　孙小年　徐志远　刘建军

# 前　言
## —— PREFACE ——

党的十八大以来,以习近平同志为核心的党中央高度重视数字经济的发展、网络安全和信息化工作等。《中华人民共和国国民经济和社会发展第十四个五年规划和 2035 年远景目标纲要》明确指出要加快数字化发展,建设数字中国,提出要"迎接数字时代,激活数据要素潜能,推进网络强国建设,加快建设数字经济、数字社会、数字政府,以数字化转型整体驱动生产方式、生活方式和治理方式变革"。2021 年,国家主席习近平在向首届北斗规模应用国际峰会的贺信中强调,当前,全球数字化发展日益加快,时空信息、定位导航服务成为重要的新型基础设施❶。随着我国现代化建设的持续深入,时空信息作为新型基础设施的关键部分,已经成为数字中国建设的核心数据基础。地理信息产业亦逐步融入我国数字经济发展的洪流之中,持续为我国经济社会的高质量发展贡献地理智慧。

为深入贯彻落实党中央、国务院决策部署,加快推进行业数字化、智能化转型,统筹建设逻辑集中、互联互通、业务协同、信息共享、整合提升的"国家综合交通运输信息平台"。该平台的建设遵循"深化纵向、强化横向"原则,确立了"五大功能、六个统一"建设总体框架。在纵向层面,重点包括决策支持与评价、调度与应急指挥、政务办公管理与服务、信息资源共享与开放、网络安全与运维保障等系统板块;在横

---

❶ 《习近平向首届北斗规模应用国际峰会致贺信》,《人民日报》2021 年 9 月 17 日。

向层面,以统一门户入口、统一地图服务、统一信息资源、统一基础条件、统一安全防控、统一标准规范为建设核心。其中,"统一地图服务"的目的是要打造行业统一的综合交通基础设施地理信息平台,为相关信息系统提供一体化的地图服务,从而提升综合交通基础设施地理信息的整体服务能力。

本书共9章,第1章阐述了综合交通"一张图"研究的背景意义以及国内外研究、实践现状;第2章总结了综合交通地理信息数据特点、数据采集方法以及多源数据融合处理的技术和算法;第3章主要说明综合交通"一张图"的总体技术路线和技术体系;第4章重点描述构建综合交通"一张图"过程中应用的关键技术;第5章介绍在研究和突破综合交通"一张图"关键技术过程中的创新内容;第6章阐述综合交通"一张图"的逻辑架构、业务架构、专题应用和数据库设计等内容;第7章介绍综合交通"一张图"的典型应用案例;第8章介绍综合交通"一张图"的推广应用情况;第9章对后续综合交通"一张图"进行技术和应用展望。本书可作为交通运输主管部门管理人员构建交通行业地理信息系统的参考资料,同时也可为技术人员在运用地理信息技术解决交通地理信息数据的采集、处理、融合、存储以及服务等方面提供指导。

当前,地理信息技术及其在交通运输行业的融合应用研究处于不断深化阶段,相关领域的探索与实践仍在持续推进。同时,受限于本书的写作时间及作者的研究深度,书中难免存在一些瑕疵和纰漏之处。我们诚挚地恳请广大读者在阅读过程中,能够及时向我们指出问题,并提出宝贵意见和建议。我们期望通过持续努力,为交通地理信息领域的专业人士提供更加精确、高效的服务,共同促进该领域的持续发展。

编著者
2025 年 5 月

# 目　录

*———— CONTENTS ————*

# 1　绪　　论

## 1.1　研究背景及意义

"十三五"末期,我国综合交通发展建设成果显著,各类基础设施建设不断完善,各类交通方式在规模和技术上均取得显著进步。公路方面,公路通车里程达 510 万 km,其中高速公路通车里程达 15.5 万 km,高速公路通车里程居世界第一位,覆盖 98.6% 的人口 20 万以上城市和地级行政中心,普通国省道也得到了提质改造,农村公路建设成效显著;铁路方面,铁路运营里程达到 14.6 万 km,覆盖 99% 的人口 20 万以上城市,高速铁路运营里程约 3.8 万 km,居世界第一位,覆盖 95% 的人口 100 万及以上城市,"八纵八横"高速铁路网主通道基本贯通;水运方面,内河高等级航道网基本建成,长江、珠江等内河航运蓬勃发展,港口设施不断升级,上海港、宁波舟山港等世界级大港的货物吞吐量和集装箱吞吐量持续位居世界前列;航空方面,民用机场 241 个,基本覆盖城区常住人口 20 万以上城市,北京、上海、广州等国际枢纽机场的地位不断巩固,航线网络日益密集,国内外航线不断增加,航空运输服务的覆盖面和通达性显著提升。

然而,随着交通网络变得日益复杂,交通规划、管理、运营等工作面临严峻挑战。不同交通方式隶属于不同部门管理,数据分散、标准不一,信息难以共享与协同整合,导致交通资源配置失衡、衔接不畅等问题频发。在此背景下,构建综合交通"一张图"成为解决上述困境的关键举措。它不仅能集成各类交通信息,打破数据壁垒,还能为交通规划提供直观、全面的依据,使规划方案更具科学性与前瞻性。在交通管理方面,有助于实时监测交通运行状态,精准预警拥堵与事故,提升应急处置效率。对公众而言,能够提供一站式出行信息服务,优化出行路径选择,极大地提升出行体验。

党的十八大以来,以习近平同志为核心的党中央高度重视网络安全和信息化工作,党的十九大报告中提出要"推动新型工业化、信息化、城镇化、农业现代化同步发展""推动互联网、大数据、人工智能和实体经济深度融合""加强应用基础研究,拓展实施国家重大科技项目,突出关键共性技术、前沿引领技术、现代工程技术、颠覆性技术创新,为建设科技强国、质量强国、航天强国、网络强国、交通强国、数字中国、智慧社会提供有力支撑"。国务院也陆续印发《促进大数据发展行动纲要》(国发〔2015〕50 号)、《政务信息资源共享管理暂行办法》(国发〔2016〕51 号)、《"十三五"国家信息化规划》(国发〔2016〕73 号)、《政务信息系统整合共享实施方案》(国办发〔2017〕39 号)等文件,推动政务信息系统整合共享。为深入贯彻党中央、国务院决策部署,破解交通运输行业信息化发展统筹不足的突出问题,推进行业信息化工作,实现智慧交通引领交通强国建设,交通运输部于 2017 年 11 月正式印发《国家综合交通运输信息平台总体技术方案》(交办科技〔2017〕177 号),决定统筹建设逻辑集中、互联互通、业务协同、信息共享、整合提升的"国家综合交通运输信息平台",以期从平台的视角整体审视交通运输行业所有信息系统之间的关系,厘清各个信息系统的功能边界、共享内容和协同关系,并将国家综合交通运输信息平台定位为交通运输部实施国家大数据战略的"一号工程"。国家综合交通运输信息平台按照"深化纵向、强化横向"的原则,形成"五大功能、六个统一"的建设总体框架。在纵向上,以决策支持与评价、调度与应急指挥、政务办公管理与服务、信息资源共享与开放、网络安全与运维保障为重点;在横向上,以统一门户入口、统一地图服务、统一信息资源、统一基础条件、统一安全防控、统一标准规范为核心,为各类信息系统建设提供统一的指导,进一步统筹行业信息化建设,提高信息系统效能。综合交通"一张图"正是落实统一地图服务要求所建设的交通运输行业地理信息平台。

## 1.2　国内外研究及实践

### 1.2.1　构建"一张图"技术发展情况

#### 1.2.1.1　分布式地理信息系统(GIS)的发展

随着分布式系统架构的发展,相关技术在 GIS 内也得到相应的应用,同时也促进了 GIS 技术的发展。

(1)GIS 与分布式文件系统。

传统 GIS 的空间地理信息数据以结构化方式存储,切片数据及其他文件通过文件方式存储。随着分布式文件系统的兴起,如 Hadoop,面向对象的分布式技术也被 GIS 所引用。GIS 应用相关分布式文件系统技术,在组织及管理文件等相关方面也提升了性能。

分布式文件系统是一种处理大规模数据的重要技术,它将数据分布存储在多台服务器上,以提高数据处理的速度和可靠性。目前,在 GIS 领域,分布式文件系统如 Hadoop 等开始被广泛应用。Hadoop 分布式文件系统(HDFS)可将数据分布存储在多个节点上,并通过 MapReduce 等计算框架进行数据处理和分析,从而有效提升 GIS 处理海量地理空间数据的效率。

面向对象的分布式技术也逐渐成为 GIS 的研究热点。这种技术不仅可以有效地组织和管理文件数据,还能提供更灵活和高效的数据访问和处理方式。通过面向对象的分布式技术,GIS 能够更好地满足复杂的地理空间数据处理需求,提升了系统的性能和可靠性。

近年来,随着大数据技术的兴起,GIS 与分布式文件系统之间的结合更加紧密。大数据平台提供了强大的计算和存储能力,为 GIS 处理海量地理空间数据提供了更为便利的解决方案。通过将 GIS 部署在大数据平台上,实现对庞大数据集的快速处理和分析,为地理空间数据的应用提供更高效的技术支持。GIS 与分布式文件系统的融合将成为地理空间数据处理和分析的重要趋势。

（2）GIS与分布式计算。

数据计算极大地增强了人们从事科学研究的能力,大大地加速了把科技转化为生产力的过程,深刻地改变着人类认识世界和改造世界的方法和途径,正推动着当代科学与技术向纵深发展。为了提高计算速度(单机受物理速度限制无法满足)、提升计算精度(加密、计算网格等)以及满足实时计算需求(实时车辆监测、船舶自动识别等),数据计算模式不断发展变化,已由传统的串行运算向并行运算转变,由中央处理器(CPU)计算向图形处理器(GPU)计算转变。GPU除了在图形加速方面的能力突出以外,其在通用计算技术,如浮点运算、并行计算等方面的能力,也引起业界的广泛关注,很多实际案例也证明了GPU在浮点运算、并行计算等部分计算方面,可以提供数十倍乃至于上百倍于CPU的性能。在串行计算环境下,GIS空间分析算法几乎已经达到理论上的时间复杂度的极限,需要结合GPU的卓越能力,进一步提升GIS对海量空间数据的分析处理运算速度。

多线程并行计算技术可将一项任务分解为可由多颗CPU内核并行运行的多个线程,在分布式计算环境下为GIS多线程计算提供技术支撑。在GIS中,除了支持一般的结构化查询语言(SQL),还具备网络分析、缓冲区分析、淹没分析、填挖方分析等耗时多的计算密集型功能。随着数据采集、传输、处理技术的不断发展,大范围、高分辨率的地理空间数据使得传统串行算法难以满足性能要求。尤其在跨网页(Web)的分析服务中,个人计算机(PC)端所能承担的分析时间,是Web端、移动端用户所不能接受的,分布式环境为GIS软件提供了并行计算的能力,利用多核环境下的计算资源达到提升性能的目的。

GIS行业常用的两种分布式架构有两类。一类是MapReduce架构:Map-Reduce是Hadoop生态体系的一部分,它极大地方便了编程人员在不掌握分布式并行编程技术的情况下,将自己的程序运行在分布式系统上。当前的软件实现是指定一个Map(映射)函数,用来把一组键值对映射成一组新的键值对,指定并发的Reduce(归约)函数,用来保证所有映射的键值对中的每一个共享相同的键组。另一类是Apache Spark架构:此架构是专为大规模数据处理而设计的快速通用的计算引擎,Spark拥有Hadoop MapReduce

所具有的优点;但不同于 MapReduce 的是,Job 中间输出结果可以保存在内存中,从而不再需要读写 HDFS。

### 1.2.1.2 云 GIS 技术研究现状

随着地理空间智能模型的增加,模型参数、数据量剧增,GIS 对算力的需求也大幅上升,对于计算资源的动态调度和潮汐利用能力提出更高的要求。云计算技术的发展为 GIS 提供了更加灵活、可扩展和可访问的解决方案,云计算在多方面提升了 GIS 的计算能力。云计算作为一种新型的计算模式,具有强大的并行处理能力和近乎无限的计算资源,可为海量的空间地理数据智能化分析提供有力的支撑,满足各行业对 GIS 算力的需求。

近几年,国内外在云 GIS 的架构、微服务、无状态服务、数据可靠性等方面有较大的突破。云 GIS 架构通过将 GIS 功能和服务部署在云平台上,实现了对 GIS 资源的弹性扩展和按需调用,极大地提高了 GIS 的灵活性和可扩展性。微服务架构的引入,使得 GIS 功能可以被拆分成一系列独立的服务,这些服务可以独立部署、升级和扩展,提高了 GIS 的可靠性和可维护性。无状态服务的应用,简化了 GIS 服务的状态管理,提高了服务的性能和可扩展性。在数据可靠性方面,云 GIS 技术通过数据备份、冗余存储等技术,实现了数据的高可用性和可靠性。

然而,尽管云 GIS 技术取得了一系列的突破,但在细粒度、弹性、集约、人工智能等方面仍有相关技术需要攻克:

(1)细粒度资源调度涉及对计算资源的精细控制和管理,包括 CPU、内存、存储和网络等资源的优化配置,以满足不同类型和规模的 GIS 应用需求。虽然在云环境中,计算资源可以根据需求进行弹性和分配,但如何实现细粒度的资源调度,以提高资源利用率和响应速度,仍需要做进一步的研究。

(2)弹性计算资源的动态分配和调度也是云 GIS 技术需要面对的挑战之一。在云环境中,可以根据需求对计算资源进行动态分配和调整,但如何设计高效的资源调度算法,以快速响应负载变化和用户需求,是需要深入研究的领域。弹性计算资源的动态分配和调度需要考虑负载均衡、资源预留和抢占等技术,优化这些方面对提升云 GIS 的性能至关重要。

（3）云 GIS 技术需要有效整合各种 GIS 服务，以提供全面的地理空间数据处理和分析功能。如何实现高效、稳定和可扩展的 GIS 服务整合，提供集约化的 GIS 服务集成，是当前云 GIS 技术发展中的关键问题。这包括服务设计、服务交互和数据交换等技术研究和应用。

（4）人工智能技术可以为 GIS 提供智能化的分析和决策支持，提高地理空间数据处理的效率和准确性。在数据集成和融合、选择和优化适合地理空间数据的机器学习算法、提高模型可解释性和可信任性、训练结果数据后处理和交互设计等多个方面，仍需要进一步的研究和探索。

### 1.2.1.3　基于大规模时空数据的分布式 GIS 技术体系

在大数据时代，数据已成为各行业和业务领域内的重要生产要素，倾斜摄影模型、建筑信息模型（BIM）、激光点云、手机信令、物联网等数据在交通行业内得到更为广泛的应用，为 GIS 的应用提供了更为广阔的前景。公路与桥梁的 BIM、公路激光点云的路况评定、基于手机位置的起讫点（OD）出行调查等，都需要借助 GIS 技术进行分析与展示。这些业务需求给传统的 GIS 带来极大的挑战，而在大规模时空数据场景下，分布式 GIS 在以下方面有所突破，但仍存技术瓶颈：

（1）存储与管理方式。面对从 GB 级、TB 级向 PB 级发展的交通时空数据，构建可扩展、高并发的交通时空地理信息数据，支持单表亿级记录的查询和分析，同时支撑多源异构、适应性低、数据互操作的技术仍不成熟。

（2）GIS 计算能力。虽然分布式 GIS 已经采用多线程、多进程技术的任务划分和并行计算机制，但在处理指数级增长的时空大数据时，其计算能力仍出现了性能瓶颈。

（3）面向业务场景的地图应用。在应用于空间大数据时，GIS 的效率和适应性方面仍需加强，在处理行业内的业务场景，如处理流式空间数据、多元异构数据、动态交通大数据时，效果仍不尽如人意。

（4）数据更新与高效浏览的业务需求。GIS 技术使交通行业的数据更新更为高效，同时在浏览和显示方面也取得较大成效，但在快速处理和高效浏览的需求方面仍有不足。

（5）可扩展性和可伸缩性。在可扩展性和可伸缩性方面，分布式 GIS 已在技术瓶颈上取得一定突破,但在扩展节点和伸缩服务功能方面仍有大量工作需要开展。

总体而言,在构建大规模时空数据的分布式 GIS 体系方面,已取得较大突破,但仍有技术制约,难以得到广泛的应用。

### 1.2.2 国内各行业"一张图"建设情况

随着移动互联网、电子商务、物联网等技术的兴起,GIS 技术发展突飞猛进,GIS 基础软件已在各行业内得到广泛应用。各行业结合本行业内各类基础信息数据,应用 GIS、互联网技术等先进技术建设了行业"一张图",为行业规划、管理、应急指挥等各方面决策提供精准化支撑。

#### 1.2.2.1 自然资源领域

(1)全国自然资源"一张图"。自然资源部通过推进国土空间基础信息平台建设,构建了自然资源"一张图"。其以三维实景测绘成果为基底,整合多源数据,形成了覆盖全面、时空连续的数据要素体系,包含六大类 246 小类相关数据、1550 个核心图层,可真实反映我国自然资源状况和国土空间格局,为国土空间规划、耕地保护等数字化应用场景提供支撑。

(2)国土空间规划"一张图"。以自然资源调查监测数据为基础,采用国家统一的测绘基准和测绘系统,整合各类空间关联数据,建立全国统一的国土空间基础信息平台。并以此为底板,结合各级各类国土空间规划编制,建设从国家到县市国土空间规划"一张图"实施监督信息系统,形成覆盖全国、动态更新、权威统一的国土空间规划"一张图"。自然资源部明确指出,构建国土空间规划"一张图"分三步走。第一步,统一形成"一张底图":以第三次全国国土调查成果为基础,整合规划编制所需的空间关联现状数据和信息,形成坐标一致、边界吻合、上下贯通的一张底图,用于支撑国土空间规划编制。第二步,建设完善国土空间基础信息平台:省、市、县各级建设国土空间基础信息平台,并与国家级平台对接,实现纵向联通,同时推进与其他相关部门信息平台的横向联通和数据共享,基于平台,建设从国家级到市县级的国土空间规划"一张图"实施监督信息系统,开展国土空间规划动态监测评估预警。第三步,叠加各级各类规划成果,构建国土空间规划"一张图":各地自然资源主管部门在推进省级国土空间规划和市县级国土空间总体规划编制中,及时将批准的规划成果向本级平台入库,作为详细规划和相关专项规划编制和审批的基础和依据。经核对和审批的详细规划和相关专项规划成果由自然资源主管部门整合叠加后,形成以一张底图为基础,可层层叠加打开的国土空间规划"一张图",为统一国土空间用途管制、实施建设项目规划许可、强化规划实施监督提供支撑。

### 1.2.2.2 应急指挥领域

应急指挥"一张图"基于"全灾种、大应急"的理念进行开发,充分利用大数据、物联网、卫星等先进技术,汇聚了大约 6 亿条各类基础信息,将灾害事故救援指挥所需要的各类信息基于地图进行"一张图"展示。应急指挥"一张图"能够便于指挥部人员在灾害发生后快速了解灾区附近受灾人群的分布、灾区受损、灾后地貌受损等情况;快速调阅了解灾区的重点目标、应急力量、应急物资等各类情况;同时能够收集各类舆情信息,以及灾民发布的求助求救信息、视频图片等,便于开展指挥调度和救援工作;还能汇聚各方面汇报回传的动态进展,全方位收集灾区情况,接收救援队伍回传的视频信息,与救援队伍进行视频连线,快速定位救援队伍所在位置,便于指挥部人员全方位了解情况,进行各类指挥调度。总之,应急指挥"一张图"能根据现场情况、过往灾害数据库,辅助生成抢险方案,协助开展抢险救援工作,最大程度提高应急响应运转效能。

### 1.2.2.3 国家安全监管领域

2017 年,国家安全监管总局办公厅印发《关于印发全国安全生产"一张图"地方建设指导意见书的通知》(安监总厅规划〔2017〕69 号),明确了全国安全生产信息化"一盘棋""一张网""一张表"的总体建设目标,力图实现安全监管与应急管理核心业务信息化覆盖率达到 100%;能够基于"一张图"多视角、全方位展现各省(区、市)安全生产态势,为省级安全监管局提供安全生产状况趋势分析和风险预警防控决策能力;实现对各辖区内安全生产数据资源的汇聚管理和有效利用;实现省级安全监管局纵向上与总局和下级安全监管部门、横向上与有关安委会成员单位之间数据资源的有效共享,全部响应国家安全监管总局数据资源共享要求等具体目标。

#### 1.2.2.4 水利领域

全国水利"一张图"融合了包括水库、河道堤防、蓄滞洪区等55类1600多万个水利对象信息,还动态汇聚了26.2亿条业务管理数据,专线获取了23颗国产遥感卫星影像资源及4600多路水利视频资源,实现了动态管理和在线更新。实现了全国范围内规模化以上的江河湖泊、水利设施、水利管理单位的空间化管理,为防汛抗旱以及对水利突发事件的应急处置提供精准化支撑。同时,也为全国最严格水资源管理制度的实施、"河湖长制"的实施提供精细化服务和支持。

### 1.2.3 国外交通行业"一张图"建设情况

发达国家和地区将 GIS、互联网等技术与行业结合应用起步较早,在综合交通规划与一体化呈现方面成果斐然。

#### 1.2.3.1 美国

美国一直以来十分重视地理信息数据资源建设,并将地理信息视为重要的国家数据资产和公共服务。美国自1994年开始进行空间数据基础设施建设,并在地理信息统筹利用方面取得了较好成效。2018年颁布的《地理信息数据法案》首次将国家空间基础设施(National Spatial Data Infrastructure,NSDI)的角色定位、建设内容、主责部门写入联邦法律。NSDI 是美国联邦政府各部门、各州和企业负责共同建设的以地理信息数据为框架的数字基础设施(包括数据、政策、技术标准和人员等),其目的是确保各领域的重要地理信息数据资源能够得到充分利用。联邦地理数据委员会(Federal Geographic Data Council,FGDC)主要由美国负责自然资源管理的内政部和总统预算管理办公室进行管理,其主要成员机构有内政部(含联邦地质调查局)、农业部、商务部(含国家海洋和大气管理局)、交通部、国防部、国土安全部等。

近些年,空间地理信息在美国交通管理方面的应用,主要体现在应用 GIS 的分布式存储、计算、高负载等技术,在交通管理系统、公共运输系统、旅游信息服务系统、车辆安全系统、商业车辆管理系统和紧急管理系统等为公众提供快捷、高效、安全的交通体系。

### 1.2.3.2 欧洲

欧洲侧重于综合交通枢纽的一体化建设与信息共享。如德国法兰克福机场,通过整合航空、铁路、公路等多种交通方式的信息与运营流程,为旅客提供无缝换乘服务;欧洲公路管理信息系统(Road Management System for Europe)借助 GIS 整合了欧洲各国的公路基础设施数据,包括道路状况、桥梁隧道信息、交通流量等,公路管理部门利用这些数据进行公路的维护管理、规划建设以及交通流量调控,实现了不同国家间公路管理的高效协同。

### 1.2.3.3 日本

日本对地理信息安全实行中央、地方两级行政管理体制:中央行政主管部门是日本国土交通省国土地理院,地方行政主管部门是分设的 9 个地方测量部。日本的测绘法律体系以《日本测量法》《日本海道测量法》《日本国土调查法》为主,包括《日本测量法施行规则》《日本地形调查作业规程准则》《日本基准点调查作业规程准则》和《日本地籍调查作业规程准则》等部门规章,其中,涉及地理信息安全的主要包括 1996 年颁布的《日本海道测量法》和 2007 年颁布的《日本测量法》《日本测量法施行规则》。《日本海道测量法》规定,获准实施海道测量的人员应将其测量成果拷贝并及时提供给海上保安厅长官,其实就是一种对成果汇总提交的规定。

2019 年,国土交通省和经济产业省共同在全国多个城市试点开展了一项名为"智能出行挑战"的智慧化出行推广项目,旨在通过向社会推广新型出行服务模式来解决交通运输从业者逐年减少的问题,同时促进地方的政企合作,推动交通地理信息与其他行业的融合应用。

## 1.3 研究目标与内容

### 1.3.1 研究目标

根据《国家综合交通运输信息平台总体技术方案》(交办科技〔2017〕177 号)要求,综合交通"一张图"建设目标是建立集地图数据、地图服务、地图应用、GIS 工具、应用程序编程接口(API)服务等于一体的综合交通基础设施地理信息资源中心,为交通运输部信息系统提供"统一地图服务"。

一是汇聚行业内铁、公、水、航、邮等空间地理信息,提供交通基础设施地图服务,实现对公路、桥梁、隧道、客货运站场、收费站、服务区、航道、港口、枢纽等基础设施的规划、计划、建设、现状、运行各环节的属性信息、能力信息、规划信息、电子地图信息、多媒体信息、日常信息等的有效融合、高效利用、深入分析和全景化展示。

二是依托 GIS 软件功能进行二次开发,建立集综合交通地理信息数据、地图、服务、工具、智能制图、API 接口等资源于一体的综合交通基础设施地理信息资源中心,实现综合交通地理信息数据汇聚、地理数据自动化处理、数据管理、地图应用、快速切图、图层叠加、地理工具[具备数据格式转换、投影(坐标)转换、缓冲分析、空间分析(相交、合并、重叠等)、拓扑分析等功能的专业地理处理和分析工具]、智能制图、综合交通地理信息目录服务、综合交通地理信息地图资源服务等支撑功能。各业务系统和用户未来可以在其提供的底图服务、通用地图服务、在线制图功能、地理信息相关业务应用程序搭建功能、地理工具、API 接口服务等的基础上进行个性化应用或场景开发,对外提供统一的地图服务。

## 1.3.2 研究内容

### 1.3.2.1 研究高可用和负载均衡的无状态服务架构

为解决日均访问量 6 万次以上的负载均衡和高可用性问题,本项目的研究内容之一就是如何利用现有的技术,对 GIS 请求进行负载均衡及避免因服务等原因造成 GIS 服务器"假死"等问题。

(1)解决异构 GIS 服务集群编排问题。

首先,研究构建轮询访问 GIS 服务器技术,从而实现访问部署在不同 GIS 服务器上的服务基本平衡。其次,应用哈希访问客户端的网际互连协议(IP)技术,减少建立同一客户端请求同一组 GIS 服务的会话资源。再次,配置不同服务器均衡 GIS 服务请求权重,动态追踪 GIS 服务的连接数,解决处理时间不一的业务场景,从而提高 GIS 服务的可扩展性和可靠性。

（2）解决 GIS 服务编排问题。

研究负载感知技术、服务对象容器（Service Object Container，SOC）实例和托管服务（Hosting Services）功能，监控不同 SOC 实例的负载情况，调度分配请求 SOC 节点资源，动态解决异构 GIS 服务集群的动态负载均衡的需求问题。

（3）解决主备集群架构技术问题。

研究架构主备集群的综合交通"一张图"，从而形成高可用性调度机制，实现对主备节点的动态管理和调度。当主节点出现故障、负载过重或服务"假死"等异常时，系统能够自动将访问转移到备节点，实现服务的持续可用性，确保该综合交通"一张图"在面对故障时能够实现快速的故障转移，从而持续具备可用性。

### 1.3.2.2　研究综合交通地理信息存储的组织模式

项目研究应用数据分片、数据去重等技术，建立指数平滑负载预测模型、二次指数平滑模型，实现 S3 协议云原生对象存储系统与 GIS 文件存储系统的融合。

（1）研究数据分片与数据去重等技术，从而减少存储空间及提高读写效率。

研究数据分片和数据去重技术，增加综合交通"一张图"读取和存储文件的时间，减少数据存储空间，解决综合交通"一张图"与文件间的快速交互问题。

（2）研究基于存储性能预测的数据布局策略。

为提高数据存储和读取的效率，通过研究基于存储性能预测的数据布局模型，形成数据的访问模式和频率预测值，从而优化数据布局，实现最佳的存储性能和资源利用效率，并通过实时监控，实时跟踪存储性能，确保其适应不断变化的存储环境。

（3）解决 GIS 文件系统与 S3 协议的云对象存储融合问题。

研究 S3 协议的云原生对象存储与 GIS 文件系统相融合，利用 S3 协议云原生对象存储技术，将地理信息数据以对象的形式存储在云端存储系统中,从而满足大规模地理信息数据的存储需求,确保数据的安全性和可用性。同时,利用 GIS 文件系统对存储在云端的地理信息数据进行多维度分析、可视化展示及管理,可支撑对超大规模数据的分析与运算需求。

### 1.3.2.3 研究综合交通智能化制图的技术

为解决传统服务器与客户端地图符号无法同步共享及难以快速在线制图等技术问题,项目组从可视化交互模板、组件库、自动化校正、制图规范等方面进行研究,以快速形成交通行业的智能化在线制图工具。

(1)建立可视交互模板与组件库。

研究适用于多场景、多业务、多操作系统的模板和组件库,满足低代码开发展示、分析数据的业务需求,实现面向云、边多端可视化交互的 GIS 可视化应用模板,满足行业内对 GIS 应用的需求。

(2)实现自动化校正的智能制图。

通过整合高级的 GIS 技术,建立智能化的地图制作和分析平台,构建修复地理错误模型和自动化制图模型,研究图层智能渲染技术,实现自动化校正的智能制图。

(3)形成制图规范。

前后端使用统一的符号和统一的样式,并可以设计点状、线状和面状符号类型,以实现灵活表达图层要素信息。确保前后端符号样式的一致性,通过一致的样式自动化渲染矢量数据,实现制图样式的共享与同步。

### 1.3.2.4 研究多源异构数据的 GIS 空间建模范式

汇聚交通行业内的铁路、公路、水运、民航、邮政等领域的不同比例尺、不同精度的矢量、影像及栅格数据,因此要解决多源异构的 GIS 空间数据组织模型、面向多源数据融合的数据质量检查、多源数据自动化入库等技术问题,以实现快速、自动化对不同空间地理信息数据进行融合。

(1)构建交通设施时空数据模型。

研究空间地理信息数据模型及交通设施的数据组织、数据存储、时空数据索引、三维模型轻量化等技术问题,从而构建交通设施时空数据模型,解决交通设施时空数据汇聚组织存储的技术问题。

（2）实现多源数据融合质检。

研究构建几何拓扑检查、交通设施检查模型，实现面向多源数据融合的自动化数据质量检查，确保交通设施空间地理信息数据质检过程的连贯性和系统性，从而在整个项目范围内实现多源数据无缝融合。

（3）建立多源数据自动化入库。

通过集成脚本技术，研究多源数据自动化处理、自动化抽检的模型，解决海量、异构交通设施时空数据的自动化入库问题，提高交通设施时空数据入库的工作效率。

### 1.3.2.5　研究综合交通异构业务场景下的地理信息融合应用

为满足行业内使用较少的代码来深度融合地理信息的业务需求，研究在交通异构业务场景下，应用 GIS 相关技术，以可视化方式快速、高效地展示地理信息数据的技术。

（1）解决面向业务场景的数据与 Web 地图集成问题。

研究面向交通设施的数据资产数据与 Web 地图结合功能，实现不同来源数据的快速集成，以及行业业务属性与地图数据的交互操作，从而满足业务场景与 Web 地图深度融合的需求。

（2）构建交通设施智能化增量更新。

研究在此综合交通"一张图"基础框架下的交通设施智能化增量更新机制，研究基于 GIS、移动互联的交通设施外业采集技术，解决交通行业内交通设施的空间地理信息数据智能更新问题。

（3）利用遥感影像校核农村公路。

研究"基于深度神经网络的遥感影像路网提取算法""基于深度神经网络的遥感影像路面宽度识别算法""基于深度神经网络的遥感影像路面类型识别算法"等关键技术的算法模型，解决"面广、线长、分散"农村公路的核查难题。

# 2 综合交通地理信息数据采集与融合

## 2.1 多源交通数据类型与特点

综合交通地理信息数据包括静态地图数据、动态地图数据、专项地图数据。静态地图数据包括基础地理信息数据、交通基础设施地理信息数据等,动态地图数据包括"两客一危"数据、船舶自动识别系统(AIS)数据、公路交通流量数据等,专项地图数据包括公路里程桩数据、电子海图数据、电子航道图数据、电子航图数据等。除上述所述矢量数据外,交通数据还包括遥感影像数据和三维数据。

### 2.1.1 静态地图数据

#### 2.1.1.1 数据内容

1)基础地理信息数据

基础地理信息包括地形地貌、水系、植被、居民地与行政区划等基础数据,该部分数据为测绘数据。

(1)地形地貌数据:山地、平原、丘陵等地貌信息,如海拔高度、坡度等。

(2)水系数据:河流、湖泊、海洋等水域的位置、面积、深度以及与交通线路的交叉情况。

(3)主题数据:各级公路、城市道路的中心线、边线位置,道路名称、等级(如高速公路、国道、省道、城市主干道等)、宽度、长度等,以及火车站、汽车站、港口、机场等交通枢纽的位置、规模等背景底图数据。

(4)植被数据:森林、草地、农田等植被类型的空间分布信息。

(5)居民地与行政区划数据:国家、省、市、县等各级行政区划的边界范围、居民地位置等信息。

2)交通基础设施数据

(1)公路数据:公路中心线和边线的位置坐标、公路等级、公路名称、路面宽度、车道数量、管养单位等。

(2)铁路数据:铁路线路的位置、轨距、车站位置等。

(3)交通枢纽数据:汽车站、火车站、港口、机场等交通枢纽的位置等。

(4)规划计划数据:国道、省道、高速公路、高速铁路等基础设施的中长期规划、五年规划、计划数据。

(5)建设项目数据:公路、水路建设项目的建设数据。

### 2.1.1.2　数据特点

(1)相对静态:这些数据在较长时间内保持稳定,更新频率较低,例如地形地貌基本不变,道路网络除非进行大规模建设改造,一般不会频繁变动。

(2)空间性强:数据与地理空间位置紧密相关,是构建综合交通"一张图"的基础框架,为交通设施的定位和空间分析提供基础。

(3)精度要求高:特别是道路和交通枢纽的数据,精确的位置和尺寸信息对于交通规划、导航等应用至关重要。

### 2.1.2　动态地图数据

### 2.1.2.1　数据内容

(1)"两客一危"数据:车辆类型与用途、车辆识别码、车辆品牌、型号等车辆基础信息,运输企业名称、地址、企业经营资质信息等企业信息,驾驶员姓名、身份证号、驾驶证信息、从业资格证信息等驾驶员信息,运行线路与时刻表信息,以及车辆安检记录、车载安全设备信息、卫星定位系统数据等信息。

(2)AIS数据:船舶识别码、船舶类型、尺寸等船舶静态信息,船舶位置、航向与航速、航行状态等船舶动态信息、船舶航行计划信息等数据。

（3）公路交通量数据：交通流量、交通速度、交通密度等数据。

#### 2.1.2.2 数据特点

（1）实时性强：数据的价值高度依赖于其时效性，需要及时采集和处理。

（2）动态变化：受交通信号灯、天气、交通事故等多种因素影响，交通流数据时刻在变化，呈现出复杂的波动性。

（3）数据量大：需要不断采集大量的车辆、船舶信息，对数据传输和存储系统的性能要求较高。

### 2.1.3 专项地图数据

#### 2.1.3.1 数据内容

（1）公路里程桩数据：桩号、路线类型与编号、位置与方向、路线路段信息等数据。

（2）电子海图数据：海岸线信息、水深、岛屿与礁石信息、助航设施信息、航道与航路信息、港口设施信息、碍航物信息等。

（3）电子航道图数据：航道中心线与边界信息、水深信息、岸线与岛屿信息、航标信息、航行障碍物信息、港口与码头信息、水文气象信息等。

（4）电子航图数据：陆地地形与地貌数据、水体数据等陆地地理空间数据，机场信息、导航台信息等航空设施数据，航线与航路数据、空域信息、障碍物信息、气象信息等。

#### 2.1.3.2 数据特点

（1）专业性强：这一类数据为专业人员设计，不适用于普通人群。

（2）更新频率高：相较于普通地图数据，该类数据所描述的环境变化相对较快，更新频率高。

（3）精度要求高：为保障航海、航道、航空安全，这类数据对位置精度要求极高。

## 2.2 数据采集技术与方法

交通地理信息数据采集技术与方法近年来取得了显著的进展。传统的采集技术如人工调查、实地测量等仍然在特定场景下使用,但随着科技的不断发展,更多先进的技术和方法已逐渐成为主流。

### 2.2.1 遥感技术

遥感技术在大范围的交通地理信息数据采集中发挥了重要作用。卫星遥感影像和航空遥感影像能够清晰地显示交通路网、水路等基础设施的位置、形状、走向和分布,借助计算机识别技术和神经网络技术,可以从影像中自动提取交通基础设施信息,包括不同等级的铁路、公路、城市道路以及水路航道等信息,生成矢量数据。同时,也可根据影像获取基础设施的部分属性信息,如铁路的单复线属性、电气化属性,公路的路宽、路面类型、车道数量等属性,航道宽度等属性。但由于遥感影像有一定的局限性,如影像的分辨率、拍摄季节、地面遮挡物等会影响数据采集的精度,目前直接从遥感影像获取地理信息数据一般不作为单一的数据采集手段,人们常常辅助其他技术进行数据采集。

### 2.2.2 移动测量技术

移动测量技术是一种高效的道路地理信息采集方法,主要包括车载移动测量技术、手持设备移动测量技术(如智能手机、平板电脑等)。车载移动测量技术一般包括定位系统、激光扫描系统和影像采集系统。

(1)通常采用北斗卫星定位系统(BDS)或全球定位系统(GPS)与惯性导航系统(INS)相结合的方式。BDS/GPS可以提供车辆的绝对位置信息,但在信号受遮挡的区域(如隧道、高楼林立的街道)会出现定位精度下降或信号丢失的情况。此时,INS利用惯性传感器(加速度计和陀螺仪)来测量车辆的加速度和角速度,通过积分运算推算车辆的位置和姿态,弥补BDS/GPS的不足。两者协同工作,能够实现高精度、连续的车辆定位。例如,在城市复杂路况下,车辆行驶在高楼之间时,INS可以根据车辆之前的位置和运动状态,在短时间内准确预估车辆位置,当车辆驶出高楼遮挡区域后,又能结合BDS/GPS信号对位置进行修正。

(2)激光扫描系统。车载激光雷达安装在车辆顶部或其他合适位置,在车辆行驶过程中,以一定的角度分辨率和扫描频率向周围环境发射激光束。激光束遇到物体后反射回来,通过测量激光往返的时间,可以计算出物体到激光雷达的距离。结合激光雷达的扫描角度,就可以获取物体的三维空间坐标。比如,对于道路两旁的建筑物、路灯等设施,激光扫描系统能够快速获取它们的三维形状和位置信息,精确到厘米级,这些数据可用于构建详细的道路周边环境模型。

(3)影像采集系统。影像采集系统包括多个高清摄像机,安装在车辆的不同位置,用于采集车辆前方、后方、两侧的影像。摄像机的拍摄频率和分辨率根据实际需求而定,一般可以得到每秒数十帧的高清影像。借助图像识别技术,提取道路的中心线、边线等线性信息,以及交通标志、标线等属性信息,还可对道路的长度、宽度、坡度、曲率等几何参数进行精确测量。经专业软件处理,可生成高精度的三维模型,从而直观地显示道路的地形地貌、车道数量、附属设施等信息。

### 2.2.3 传感器技术

基于传感器的采集技术在交通地理信息数据采集中广泛应用,主要包括摄像头、感应线圈、微波雷达等。这些传感器可实时获取车辆的位置、速度、加速度等信息,并可获取动态的交通流量数据。

(1)摄像头:安装在道路关键位置或路口,通过拍摄视频或图像,利用图像识别技术提取车辆信息、交通流量、道路状况等数据。

(2)感应线圈:感应线圈广泛应用于交通流量采集场景。线圈一般埋设在道路表面下,当车辆经过时,会引起磁场变化,传感器根据变化情况监测是否有车辆经过,进而统计车流量。

(3)微波雷达:通过发射微波信号,根据反射波的变化情况监测车辆,微波雷达不仅能统计车流量,还能测量车速。当车辆进入雷达的监测区域时,雷达发射的信号被反射回来,根据反射信号的频率变化,就可以计算出车辆的速度。

## 2.3 数据融合与标准化技术

综合交通包括铁路、公路、水路、民航、邮政等多个领域,每个领域的地理信息数据又有各自的特点,数据的坐标系、地图投影、数据内容均不同。因此,要将综合交通基础设施地理信息数据进行融合,必须研究数据融合技术。目前,数据融合技术主要包括以下几种。

### 2.3.1 数据预处理技术

#### 2.3.1.1 数据清洗与整理

数据清洗与整理是指去除数据中的噪声、重复数据、错误数据等,如在采集的交通流量数据中,剔除明显异常的高值或低值,以保证数据质量。

#### 2.3.1.2 数据格式转换与标准化处理

将不同格式、不同坐标系统、不同精度的数据统一转换为可融合处理的标准格式和坐标系统,便于后续融合分析。主要包括:

(1)格式转换:地理信息数据有多种格式,如矢量数据有 Shapefile、GeoJSON 等格式,栅格数据有 TIFF、JPEG 等格式,不同软件或系统采集的数据格式会有所不同,因此在融合前需要进行格式转换。

(2)坐标系统转换:地理数据可能采用不同的坐标系统,如普通电子地图通常采用 CGCS2000 坐标系,但电子海图一般采用 WGS84 坐标系,在进行数据融合时,需要将它们转换到同一坐标系下,这样才能保证地理数据在空间位置上的准确性和一致性。

(3)比例尺转换:当需要将地理信息用于不同用途时,可能会涉及比例尺的转换。如将大比例尺的地图数据转换成小比例尺的数据,需要对数据进行地图综合、化简等处理。

#### 2.3.1.3 数据质量评估与保障技术

通过数据质量评估指标和方法,如准确性、完整性、一致性等,对数据质量进行评估,并采取相应措施保障数据质量。

(1)准确性评估:准确性评估包括位置和属性两个方面的评估。位置准确性评估通常采用与已知的高精度参考数据对比的方法,衡量地理信息中位置数据的精确程度,评估其位置误差是否在可接受的范围内。属性准确性评估主要是检查地理实体的属性信息是否正确,可通过根据属性设置不同的符号或者阈值的方式进行检查,或者通过实地核查进行评估。

（2）完整性评估:一般对地理信息要素和覆盖范围进行完整性检查,查看是否遗漏了重要的信息或者某区域是否存在数据空洞。

（3）一致性评估:一是对交通地理信息数据中的逻辑一致性进行检查,如检查是否出现不合理的断头路;二是对具有时间属性的地理信息进行时间一致性检查,确保数据在时间序列上的一致性,如在历年现状的数据中,道路的建设完成时间是否与数据相符等。

### 2.3.2 数据预融合方法与算法

数据融合的目标是在保持数据准确性和一致性的前提下,提高数据的完整性和实用性。数据融合方法主要包括基于数据层的数据融合方法、基于特征层的数据融合方法、基于决策层的数据融合方法。

#### 2.3.2.1 基于数据层的数据融合方法

基于数据层的数据融合指直接对来自多个数据源的原始数据进行融合处理,以获得更全面、准确、可靠的数据。

1）加权平均融合法

根据各数据源数据的重要性或可靠性赋予相应权重,然后对数据进行加权平均计算。如在气象监测中,对多个不同地点的气温传感器数据进行融合,可根据传感器的精度、位置等因素确定权重,计算加权平均值,得到更准确的区域气温信息。

2）卡尔曼滤波法

一种基于线性最小方差估计的递归滤波算法,通过对系统状态的预测和对观测数据的更新,不断修正系统状态的估计值。常用于处理动态系统的数据融合问题,如在目标跟踪中,融合多个传感器对目标位置、速度等信息的观测数据,实现对目标状态的精确估计。

3）贝叶斯估计法

基于贝叶斯统计理论,利用先验概率和似然函数来计算后验概率,从而对未知参数或状态进行估计。在数据融合中,可将不同数据源的数据作为观测值,结合先验知识,通过贝叶斯估计得到融合后的结果,如在医学诊断中,融合多种检查手段获得的数据来推断疾病的发生概率。

4)数据层的时空数据融合

将不同时间和空间尺度的地理数据进行融合,可通过建立时空数据模型,对多源时空数据进行配准、插值、同化等处理,提高时空数据的一致性和完整性。如在城市交通流量监测中,融合不同路段、不同时段的交通流量数据,分析交通流量的时空变化规律,为交通管理提供决策支持。

### 2.3.2.2 基于特征层的数据融合方法

1)特征提取

(1)手工特征提取:从地理信息数据中人工提取特征,如从遥感影像中提取地物的形状(圆形、矩形等)、纹理(平滑、粗糙等)、边缘(直线、曲线等)等特征。例如,通过边缘检测算法提取出道路的边线,然后通过算法计算道路中心线,作为道路的一个特征。

(2)自动特征提取:利用深度学习算法自动提取特征。例如,利用卷积神经网络(CNN)对高分辨率遥感影像进行处理,自动提取出道路、桥梁等交通基础设施的特征,包括它们的位置、长度、宽度等。

2)特征匹配方法

(1)基于几何特征的匹配方法:对从不同数据源提取的特征进行匹配。对一个或多个几何特征的相似度利用设定的阈值判断是否为同一地理要素,相似度指标一般包括距离、长度、方向等。对于空间的点、线和面要素,采用空间缓冲区方法,以落入该缓冲区范围的长度或面积,判断是否为同一地理要素。

(2)基于拓扑特征的匹配方法:将目标实体与待匹配实体化之间的拓扑特征相似度作为匹配依据。例如,在线性实体匹配中,可以先进行特征节点匹配,再对与节点相关的线段进行匹配。一般情况下,拓扑匹配与几何匹配结合在一起使用,较少单独使用。

(3)基于属性特征的匹配方法:基于属性特征的数据融合,是利用不同数据源对相同地理现象的基本性质描述相同或相近的特点进行匹配。例如在对电子海图与陆图进行匹配时,可对两者相同的地名点进行匹配。但由于不同数据源的属性信息可能存在较大差异,因此基于属性信息的匹配方法不常被单独使用,大多与基于几何特征或拓扑特征的匹配方法同时使用。

3)特征融合

根据匹配后的特征,按照一定的规则进行融合。

(1)主成分分析(PCA)融合。

PCA 是一种经典的降维方法。它通过线性变换将原始数据投影到新的坐标系统中,新坐标系统的坐标轴(主成分)按照方差从大到小排列。在地理信息融合中,比如对多波段遥感图像进行处理时,PCA 可以提取出包含大部分信息的主成分,然后对从不同数据源提取的主成分进行组合,实现特征融合,在减少数据冗余的同时保留关键信息。

(2)独立成分分析(ICA)融合。

ICA 假设数据是由多个相互独立的非高斯源信号混合而成,目的是从混合信号中分离出这些独立成分。在地理信息系统中,对于一些复杂的、相互交织的地理特征数据,如同时包含地形、植被覆盖、水体等多种信息的混合数据,ICA 可以分离出独立的地理特征成分,再融合这些独立成分来获取更纯粹、更有价值的地理信息。

(3)小波变换融合。

小波变换能将数据分解成不同尺度和频率的子带,这些子带分别代表了数据在不同细节层次上的信息。在图像类地理信息融合中应用广泛。例如,对于遥感图像和 GIS 中的地图图像融合,通过小波变换把它们分解成子带后,按照一定的规则(如根据子带的重要性或能量)选择和组合这些子带系数,就可以有效融合图像中的细节和轮廓等特征。

(4)尺度不变特征变换(SIFT)融合。

SIFT 可以在图像中检测出具有尺度不变性的关键特征点,并且能描述这些特征点周围的局部特征。在地理信息融合场景下,例如在融合不同角度拍摄的同一地理区域的图像时,SIFT 能够提取出稳定的关键特征,然后对这些关键特征进行匹配和融合,有助于拼接图像或者整合同一地理区域不同视角下的特征信息。

### 2.3.2.3 基于决策层的数据融合方法

1）独立决策与分类

（1）各个数据源单独处理：对每个数据源进行独立的分析和决策。例如，在智能交通系统中，摄像头根据图像识别算法判断车辆是否违规，雷达根据速度检测判断车辆是否超速，两者独立进行初步决策。

（2）分类方法：利用各种分类算法对数据源进行分类，如利用支持向量机（SVM）对遥感影像中的土地利用类型进行分类，利用贝叶斯分类器对交通场景中的车辆行为进行分类。

2）决策融合规则

（1）投票法：对各个数据源的决策结果进行投票。例如，在利用多传感器监测地质灾害时，若多数传感器判断有灾害发生，则最终决策为有灾害发生；反之，则决策为无灾害发生。

（2）贝叶斯推理法：根据贝叶斯定理，结合各个数据源的先验概率和条件概率，计算最终的融合决策概率。例如，在环境监测中，结合不同传感器检测到污染事件的概率，通过贝叶斯推理得到更准确的对污染发生概率的综合判断。

（3）D-S证据理论法：通过定义基本概率分配函数和信任函数，对多个证据（数据源）进行融合，处理不确定信息。

# 3 综合交通"一张图"总体架构

## 3.1 总体技术路线

本项目以国家信息化、数字化建设重大项目应用需求为依据,结合交通行业业务需求,深入研究了地理空间智能算法、高可用和负载均衡的无状态服务架构、基于 Spark 分布式计算的交通专题栅格地图矢量化转换、大范围倾斜摄影数据融合、三维切片数据存储、基于云技术的综合交通制图和分析协作、异构数据与 GIS 空间建模范式、交通设施数据资产等技术。在地理信息处理方面,采用了先进的机器学习和深度学习算法,对交通设施进行监测与分析,以支持智能交通管理和决策。探索了基于区块链技术的交通数据安全和共享机制,以及边缘计算在交通信息采集和处理中的应用。通过上述技术的应用和整合,构建了综合交通"一张图",形成了云、边、端一体化的智能交通行业"一张图",为国家信息化、数字化建设和交通行业的发展提供了有力支撑,实现了信息共享、智能决策和精准服务的目标,进一步推动了交通行业的现代化和智能化发展。

### 3.1.1 构建综合交通"一张图"技术体系

本项目从交通大规模时空数据智能技术、分布式对象存储技术、GIS 无服务架构、智能制图技术等方面着手,将 GIS 相关技术引入项目内,形成具有高智能、高弹性和高韧性等优势特征的综合交通"一张图"技术框架,构建全面的综合交通"一张图"技术体系,为关键技术研究奠定基础,并为交通行业其他区域"一张图"及其他行业"一张图"提供指导和支撑。在交通大规模时空数据智能技术方面,本项目采用了深度学习、强化学习等人工智能技术,对海量交通数据进行智能分析和预测,从而实现对交通流量、拥堵状况、交通事故等情况的实时监测和预警,为交通管理部门提供科学决策依据。在分布式对象存储技术方面,本项目利用云原生技术,采用分布式文件系统和对象存储服务,实现了对交通数据的高效存储和管理,保障了数据的安全性和可靠性,并支持了对数据的快速访问和查询。在 GIS 无服务架构方面,本项目借助 Serverless 架构,实现了对 GIS 服务的自动化部署和弹性伸缩,有效降低了系统运维成本,提高了系统的可靠性和稳定性,为用户提供了更加高效、可靠的地理信息服务。在智能制图技术方面,本项目采用了基于机器学习和图像处理的智能制图算法,实现了对地图数据的自动化处理和更新,提高了地图的更新速度和精度,为用户提供了更加准确、实用的地图信息。通过这些技术的应用和整合,本项目为综合交通"一张图"技术框架的建立提供了强大支撑,推动了交通行业的数字化转型和智能化发展,同时也为其他行业的"一张图"建设提供了经验和参考。

### 3.1.2 综合交通"一张图"关键技术

本项目基于总体技术体系,开展综合交通"一张图"关键技术研究,包括 GIS 服务架构技术、对象存储大规模分布式集群技术、智能制图技术、大规模交通时空数据范式技术、GIS 交通设施资产与地图结合技术等五大类关键技术。

#### 3.1.2.1 高可用、负载均衡、无状态服务的 GIS 服务架构技术

本项目实施了一系列创新举措,对 GIS 服务架构技术进行深入研究,包括运用 Nginx 等先进技术、基于负载均衡感知策略以及高效可调度的故障转移主备集群架构。基于上述技术的应用,我们不仅攻克了综合交通"一张图"在高可用、负载均衡方面的难题,而且为 GIS 的无状态服务架构提供了重要支持,使得系统能够轻松地扩展 GIS 服务。通过实现分布式 GIS 业务系统的负载均衡、高可用以及故障转移等关键功能,本项目极大地提升了系

统的稳定性和可靠性。这一系列技术创新不仅为项目的顺利实施奠定了坚实的技术基础,也为未来系统的扩展和升级提供了可靠保障。

1)负载均衡技术

本项目进行了深入研究,并应用了 Nginx 作为负载均衡器。通过对 Nginx 的灵活配置,采用了轮询、IP Hash、最少连接、加权轮询、加权最少连接等策略,成功实现了综合交通"一张图"中 8 个不同类型的 GIS 服务组成集群的编排功能,大大提高了地理服务器的性能、可扩展性和可靠性。通过负载均衡技术的优化,系统能够更加高效地将用户请求分配到不同的 GIS 服务节点,从而实现服务的均衡负载,有效降低了单个节点的压力,提升了整个系统的吞吐量和响应速度。此外,负载均衡技术还能够自动检测和处理故障节点,保证了系统的稳定性和可靠性,为用户提供了更加稳定和高效的地理信息服务体验。

2)GIS 服务编排

本项目使用负载感知技术、服务对象容器(Service Object Container,SOC)实例和托管服务(Hosting Services)功能,实现了智能编排和管理。负载感知技术通过实时监测系统的负载情况,能够智能地将请求分配至空闲或负载较低的 SOC 节点,从而有效平衡系统的负载,提升了整体性能和稳定性。同时,SOC 实例的应用,使得系统能够更加灵活地管理和调度服务,实现了服务的快速部署和扩展。托管服务功能则进一步提高了系统的可管理性和可维护性,通过将服务托管在专门的服务平台上,实现了对服务的统一管理和监控。综合利用这些智能技术,本项目成功实现了对 GIS 服务的智能编排和管理,为系统的稳定和高效运行提供了有力支撑。

3)GIS 服务调度与故障转移

为解决应用服务器、GIS 门户、GIS 服务等有效集成调用的问题,综合交通"一张图"的门户节点采用了主备集群架构,将 GIS 门户节点分为主节点和备节点两部分,并通过高可用性调度机制实现对主备节点的动态管理和调度。当主节点出现故障、负载过重或服务"假死"等异常时,本项目能够自动将访问转移到备节点,实现服务的持续可用性。

### 3.1.2.2　基于对象存储的大规模并行分布式集群存储技术

对象存储分布式集群技术具体包含交通设施栅格地图矢量转换技术、基于 I3S 标准的大范围倾斜数据融合技术、数据分片与去重技术、基于存储性能预测的数据布局技术,本项目将这些技术深层次融入 GIS 的各种应用场景内,实现基于 GIS 对象存储的大规模分布式集群。

1)交通设施栅格地图矢量转换技术

本项目研究提出了一种基于 Spark 分布式计算框架的交通设施栅格地图矢量化转换方法。具体的研究内容包括以下几个方面:

(1)研究通过 Spark 的弹性分布式数据集(RDD)和有向无环图(DAG)调度器,将输入的交通设施栅格数据划分为多个分区,并分配给多个计算节点进行并行处理。

(2)研究以 TileRDD 来表示和存储栅格数据的方法,提高矢量化转换的效率和精度。

(3)研究使用过滤操作将矢量数据分为与边界相交和不相交两类,并分别进行处理,简化了逻辑和算法,提高了数据的准确性和完整性。

(4)研究使用 flatmap 转换空间矢量数据,同时检测交通设施边界和提取属性信息。

(5)研究使用聚合操作将属性相同且相邻的矢量对象融合为一个对象,并与不相交的对象进行合并,实现了对空间拓扑关系的维护,提高了质量和美观度。

2)基于 I3S 标准的大范围倾斜数据融合技术

本项目研究提出了一种大范围倾斜三维数据的融合方法、系统及设备,目的在于解决网络访问时数据加载慢的问题。具体的研究内容包括以下几个方面:

(1)根据倾斜摄影 OSGB 数据提取各切片数据对应的多边形。

(2)根据提取的多边形生成具有细节层次(LOD)层级的多边形。

(3)根据具有 LOD 层级的多边形,分别对高程数据和正射影像数据进行切片分割,得到具有 LOD 层级的高程切片数据和正射影像切片数据。

(4)根据具有 LOD 层级的高程切片数据和正射影像切片数据,生成地形级倾斜摄影 SLPK 数据。

（5）将倾斜摄影 OSGB 数据转换成倾斜摄影 SLPK 数据。

（6）根据地形级倾斜摄影 SLPK 数据和倾斜摄影 SLPK 数据生成融合 SLPK 文件。

3）数据分片与去重技术

本项目提出了一种基于分布式计算框架的数据分片与去重技术。具体研究内容包括以下几个方面：

（1）通过分布式计算框架下的弹性分布式数据集（RDD）和 DAG 调度器，将输入的大规模数据集划分为多个分片，并将其分配给多个计算节点进行并行处理，从而提高了处理效率和并行处理能力。

（2）利用数据分片技术，将数据集分为不同的片段，并在各个片段上进行并行处理，以缩短处理时间和提高系统的整体性能。

（3）引入去重技术，通过识别和删除重复的数据片段，有效减少了对存储空间的占用，并简化了后续处理过程，提高了数据处理的效率和精度。

（4）利用聚合操作，将属性相同且相邻的数据对象合并为一个对象，同时与不相邻的对象进行合并，以保持数据之间的拓扑关系，提高了数据的完整性和准确性。

（5）采用分布式数据处理和并行计算技术，对数据进行高效处理和分析，使得系统具备更强大的数据处理能力和更高的数据处理效率。

（6）结合数据分片和去重技术，实现了对大规模数据集的高效管理和处理，为保障系统的稳定性和可靠性提供了有力支撑。

4）基于存储性能预测的数据布局技术

本项目提出了一种基于存储性能预测的数据布局技术。具体研究内容包括以下几个方面：

（1）通过存储性能预测模型，对系统存储性能进行评估和预测，从而确定最佳的数据布局方案。该模型基于历史存储性能数据和数据量变化趋势进行建模，能够准确预测未来存储需求和性能需求。

（2）利用指数平滑和二次指数平滑等预测模型，对存储需求进行预测，并根据预测结果调整数据布局，以提高系统的存储效率和性能。

（3）采用自适应数据布局策略,根据实时的存储性能数据和预测结果,动态调整数据的存储位置和分布,使得存储负载在各个存储节点上均衡分布,提高系统的整体性能和稳定性。

（4）结合存储性能预测技术和数据布局策略,实现了对存储系统的智能管理和优化,为系统的高效和稳定运行提供了可靠保障。

通过基于存储性能预测的数据布局技术,系统能够根据实际情况动态调整数据布局,以适应不同的存储和工作负载需求,提高了系统的灵活性和适应性。

### 3.1.2.3　综合交通制图和分析协作的智能制图技术

1）Spark 分布式计算模型

该算法主要基于 Spark 读取栅格数据,并进行切片和序列化后生成第一弹性分布式数据集(RDD);将第一 RDD 中的栅格数据转换为矢量数据,并提取矢量数据中的属性和空间几何信息,生成第二 RDD;对第二 RDD 进行持久化处理并过滤,生成与边界不相交的第三 RDD 以及与边界相交的第四 RDD;将第四 RDD 中彼此相邻且属性相同的要素进行边界融合生成第五 RDD;将第五 RDD 和第三 RDD 进行合并生成第六 RDD;借助 Spark 分布式技术,对第六 RDD 进行反序列化处理并输出,从而提高交通设施栅格矢量化的精度及计算效率。

（1）分布式计算:通过 Spark 的 RDD 和 DAG 调度器,将输入的栅格数据划分为多个分区,并分配给多个计算节点进行并行处理。

（2）自定义 TileRDD 来表示和存储栅格数据:避免了对原始数据的预处理,提高了矢量化转换的效率和精度。

（3）边界检测和属性提取:通过 flatmap 操作将栅格数据转换为空间矢量数据,并在同一步骤中进行边界检测和属性提取。

2）研究面向云、边多端的 GIS 可视交互模板与组件库

（1）交互模板:研发搭建面向 Windows、macOS、麒麟、中标等桌面端和 iOS、Android等移动端的自定义地理信息可视交互模板,适用于不同架构下的交通业务场景。

（2）组件库:研究制定可自行添加的外部组件库,从而扩展模板内容及

自定义模板。

3)研究地理智能自动化校正技术

通过整合高级的 GIS 技术,搭建了智能的地图制作和分析平台,极大地简化了数据处理流程。

(1)修复地理错误:研究修复、忽略错误地理数据的功能,同时具备自动校正拓扑关系,并能够自动检测数据中的几何错误的能力。

(2)自动化制图:研究对交通地物在全局结构中的地位进行评价的机制。

(3)地物抽稀:研究交通地物抽稀算法,建立不同级别地物自动化抽稀模型。

(4)图层智能渲染:研究智能推荐最适合的图层渲染方案的方法,降低使用难度,并确保地图表达的准确性和直观性。

4)研究样式服务技术

制作专题图时主要包括数据加载、属性表达、地图整饰和地图输出,数据主要为专题要素和底图要素,属性表达是将专题要素通过图形表达出来。本项目研究可自主编辑的符号框架,包括在符号样式器中增加符号,也可通过样式管理器来调取符号对图层进行渲染,并提供了设计点状符号以及多种线状、面状符号的方法。

(1)统一符号:研究将图层要素数据转换为制图表达形式,并存储在地理信息数据库中,能够实现服务端对图层数据的快速共享。

(2)统一样式:研究图形对象包含的几何信息和图形样式。

### 3.1.2.4 多源异构交通设施时空大规模数据 GIS 模式技术

1)大范围倾斜摄影数据融合技术

研究基于 I3S 标准的大范围倾斜摄影数据融合技术,通过该技术能够有效提高浏览器加载数据的效率,包括以下方面:

(1)四叉树的多边形层级。

(2)多分辨率的高程和正射影像切片分割。

(3)倾斜摄影数据与地形数据的融合。

2)统一数据模型的交通设施时空数据

研究涵盖交通行业数据的采集、处理、存储和分析等环节的统一数据模

型,包括以下方面:

(1)数据模型:研究线性参考系统(LRS),使交通数据能够按照统一的空间参照框架进行组织,建立 Geodatabase 空间数据模型,以及分级网格化的交通行业空间数据模型。

(2)交通设施时空数据模型:研究大规模交通时空数据的组织、存储,构建交通设施时空数据模型。

3)多源数据质检技术

(1)几何和拓扑检查模型:建立质检模型,借助几何和拓扑检查的算法,能够有效识别空间数据中的几何问题和拓扑错误,有效防止劣质数据入库归档。

(2)交通设施数据检查模型:涵盖公路和铁路路线跨省的衔接、路线桩号的连续性、桥梁位置变更等关键方面。

4)多源数据入库技术

(1)构建自动化处理模型:研究集成脚本技术,构建高效的多源数据融合入库的自动化处理模型。

(2)构建自动化抽检模型:根据预先设定的抽检比例,对各类交通设施的时空数据进行自动化抽检,从而发现并解决数据入库过程中难以察觉的几何、拓扑、关联等新问题。

3.1.2.5　交通设施数据资产与 GIS 深度融合的业务应用场景技术

1)面向业务场景的交通设施数据与 Web 地图集成

(1)数据的动态可配置与模块化相集成:研究灵活的数据组织管理方式,使综合交通"一张图"能够为特定的业务场景定制地图和数据集。

(2)多元化业务数据定制化:研究对数据进行筛选和统计,建立复杂的空间分析模型,从而根据具体的业务场景和需求进行灵活处理。

(3)利用低代码自动化实现业务管理:研究将低代码工具与 Web 地图构建功能相结合,降低交通行业技术门槛。

2)交通设施智能化增量更新

(1)数据采集:实现交通设施的外业数据采集、辖区内属性和地图数据查询等功能。

（2）数据处理：研究交通设施电子地图数据和属性数据的内业处理。

（3）数据更新：研究交通设施智能化增量更新流程。

3）移动互联的公路数据采集

（1）轨迹纠正模型：研究纠偏经纬度位置数据形成的线状轨迹，解决卫星定位信号瞬间偏移问题和采集行进速度不均导致的采集点位信息不均的问题。

（2）链码线形比对模型：研究采集更新后的数据与原数据的偏差。

4）遥感影像校核农村公路

（1）交通设施提取模型：研究基于遥感影像数据提取交通设施空间地理信息数据。

（2）路面宽度提取模型：研究基于遥感影像数据识别公路的路面宽度。

（3）路面类型提取模型：研究基于遥感影像数据识别公路的路面类型。

## 3.2 技术体系构建

本项目基于跨平台分布式 GIS 技术，构建了大规模交通时空数据分布式存储技术，实现对多源异构海量数据的统一管理；提出并实现了交通空间地理信息的全流程高性能分布式算法与建模框架；利用 I3S 协议对象分布式存储协议重构大规模分布式 GIS 架构，建立了全业务流程的综合交通"一张图"。具体技术包括：

（1）结合分布式对象技术，研发交通大规模时空数据一体化模型，实现对多源异构海量交通时空数据的统一管理，建立了大规模交通时空数据物理上分布、逻辑上统一的框架，形成关系型时空数据库集群、对象存储分布式时空文件系统及 NoSQL 时空数据库。

（2）实现了基于云技术的综合交通制图，支持快速地提取交通设施栅格数据并转换为矢量数据，支持交通行业云、边端的可视交互，提供地理智能参数自动化校正功能，提出了样式服务的前后统一符号，从而满足交通行业提供智能综合制图功能业务的需求。创新性地应用地物抽稀模型在智能制图过程中自动抽稀交通地物。

（3）实现了交通异构数据汇聚，构建交通领域统一数据模型、多源数据融合质检模型、自动化入库模型，实现交通领域异构数据的数据质量检查及自动化入库的业务流程。

（4）构建的综合交通"一张图"与地理信息 Web 地图集成，实现了面向业务场景的交通设施智能化增量更新及移动互联公路数据采集，构建算法模型实现应用遥感影像校核农村公路。

本项目的技术框架如图 3-1 所示。

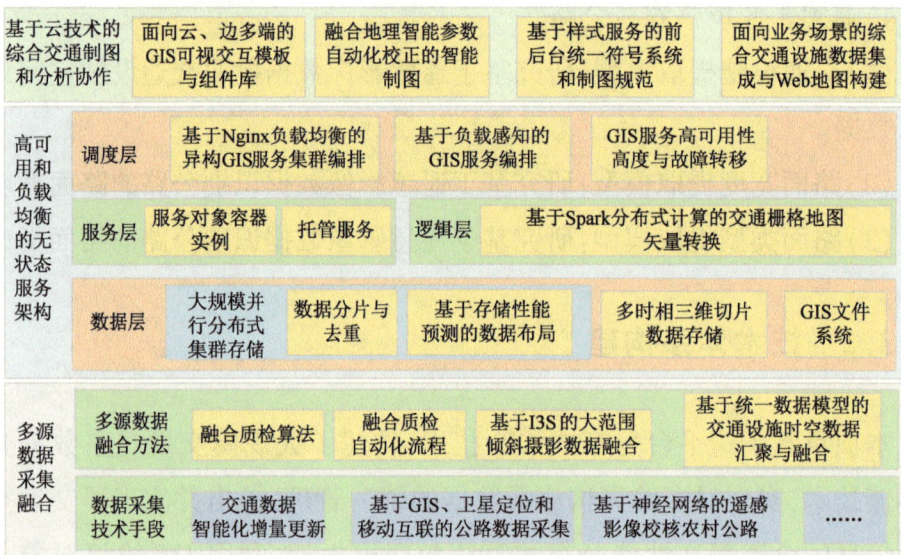

| 基于云技术的综合交通制图和分析协作 | 面向云、边多端的GIS可视交互模板与组件库 | 融合地理智能参数自动化校正的智能制图 | 基于样式服务的前后台统一符号系统和制图规范 | 面向业务场景的综合交通设施数据集成与Web地图构建 |
|---|---|---|---|---|
| **高可用和负载均衡的无状态服务架构** | 调度层 | 基于Nginx负载均衡的异构GIS服务集群编排 | 基于负载感知的GIS服务编排 | GIS服务高可用性高度与故障转移 |
| | 服务层 | 服务对象容器实例 / 托管服务 | 逻辑层 | 基于Spark分布式计算的交通栅格地图矢量转换 |
| | 数据层 | 大规模并行分布式集群存储 / 数据分片与去重 / 基于存储性能预测的数据布局 | 多时相三维切片数据存储 | GIS文件系统 |
| **多源数据采集融合** | 多源数据融合方法 | 融合质检算法 / 融合质检自动化流程 / 基于I3S的大范围倾斜摄影数据融合 | | 基于统一数据模型的交通设施时空数据汇聚与融合 |
| | 数据采集技术手段 | 交通数据智能化增量更新 | 基于GIS、卫星定位和移动互联的公路数据采集 | 基于神经网络的遥感影像校核农村公路 ...... |

图 3-1  技术框架图

# 4  综合交通"一张图"关键技术

## 4.1  高可用、负载均衡、无状态服务的 GIS 服务架构

为解决调研反馈的日均访问量超 10 万次的负载均衡和高可用性问题，本项目的工作内容之一就是研究相关技术，对 GIS 请求进行负载均衡及避免因服务等原因造成 GIS 服务器"假死"等问题。

应用了 Nginx、基于负载均衡的感知策略以及高效可调度的故障转移主备集群的架构方式，成功解决了综合交通"一张图"高可用、负载均衡的问题，从而实现了 GIS 的无状态服务。通过这种架构方式，本项目能够在不同的 GIS 服务之间实现负载均衡，确保每个服务节点的负载都能得到有效分配，同时还能实现故障转移，即当某个服务节点发生故障时，系统能够自动将请求转移到备用节点上，保障了 GIS 服务的持续可用性和稳定性。

### 4.1.1  实现基于 Nginx 负载均衡的异构 GIS 服务集群编排

部署综合交通"一张图"时，使用 Nginx 作为负载均衡器，通过配置 Nginx 的轮询、IP Hash、最少连接、加权轮询、加权最少连接等策略，成功将该项目中 8 台不同类型的 GIS 服务器组成集群，提高了地理服务器的性能、可扩展性和可靠性。具体 Nginx 的配置策略如下。

#### 4.1.1.1  轮询访问 GIS 服务器

通过 Nginx 的设置，自定义 GIS 服务器列表的顺序，并在每个请求中按

顺序逐一分配。这种循环分配的方式确保了每台 GIS 服务器都能够均衡地处理请求,避免了单个服务器负载过重而造成性能瓶颈的情况。由于请求被平均分配到各个 GIS 服务器上,系统的整体性能和稳定性得到了有效提升,用户能够获得更快速、更可靠的 GIS 服务响应。这种轮询访问的策略不仅简单高效,而且易于实现和管理,因此在构建高性能 GIS 服务集群的过程中具有重要的作用。

### 4.1.1.2 哈希客户端 IP 地址

通过对访问 GIS 服务器的客户端 IP 地址进行哈希计算,确保来自同一客户端的请求始终被发送到同一个后端服务器上。该策略适用于需要会话保持或缓存一致性的应用场景,能够有效地解决由负载均衡导致缓存失效的难题。通过将同一客户端的请求发送到同一服务器,哈希客户端 IP 地址策略能够保持会话及缓存的一致性,减少了因服务器切换而带来的性能损失,提高了系统的整体性能和稳定性。由于会话及缓存保持在最少集合,能够有效地缩短建立会话连接的时间及节约资源,进一步优化了系统的性能表现。

### 4.1.1.3 GIS 服务的最少连接

通过动态追踪每个服务器上的 GIS 服务连接数量,将客户端请求发送到当前连接 GIS 服务数量最少的服务器上。该策略可以确保各个服务器的负载相对均衡,从而提高整个系统的性能和可用性。在处理连接时长不一致的场景时,最少连接策略能够更好地适应各种请求,并且能够有效地处理长连接和短连接混合的情况。通过采用该策略,能够有效地优化 GIS 服务的性能,提高系统的整体稳定性,并且能够更好地满足用户对服务质量和响应速度的需求。

### 4.1.1.4 加权轮询

通过为 GIS 服务所在的服务器设置不同的权重值来分配请求。可以根据服务器的性能和负载情况,合理地分配请求,从而更好地利用服务器资源,提高系统的整体性能和可用性。通过设置不同的权重值,可以根据服务器的实际情况进行灵活调整,使得性能较好、负载较低的服务器能够承担更多的请求,而性能较差、负载较高的服务器则可以减少负载,从而避免服务器过载或性能下降的情况发生。通过采用该策略,能够更好地保障系统的稳定性和可靠性,提高用户访问体验。

### 4.1.1.5 加权最少连接

加权最少连接策略是一种综合了不同负载均衡策略优点的高级算法,它结合了服务器的权重设置和当前连接数的情况,以智能的方式分配请求,从而实现更加均衡的负载分配。通过这种策略,权重较高且连接数较少的服务器将获得更多的请求,从而更有效地利用服务器资源,提高系统的整体性能和可用性。与单一的负载均衡策略相比,加权最少连接策略具有更高的灵活性和智能性,能够根据服务器的实际情况动态调整请求分配方式,适应不同负载场景的需求。

在研究和应用以上五类负载均衡策略时,通过反复设置和调优,成功解决了普通地图浏览访问、API 调用和 GIS 功能分析调用等不同访问模式的耦合问题,实现了对资源和任务的有效管理与分配。实践结果显示,通过这些负载均衡策略的应用,地图浏览访问效率提高了 33%,连接最大请求数增加了 1.3 倍,系统稳定性由原来的 99.87% 提升到 99.95%,API 调用的访问效率提高了 17%,GIS 服务的效率也提高了 24%。这些成果得益于 Nginx 的配置和管理功能,它有效地整合了异构 GIS 服务,使综合交通"一张图"的性能和稳定性得到了显著提升。

## 4.1.2 实现基于负载感知的 GIS 服务编排

本项目使用负载感知技术、SOC 实例和托管服务功能,实现了智能编排和管理。

### 4.1.2.1 负载感知

在各台 GIS 服务器上部署一个自主研发实时地态监测服务器的内存使用、GPU 及 GIS 服务使用情况的工具,按 100ms 的频率传输到监控中心,感知中心对各服务器和 GIS 服务的使用情况进行动态监测及分析。为每组 GIS 服务设置不同的权重,当感知中心接收到一个新的请求时,监控中心根据前置的负载监测情况及各组 GIS 服务的权重,动态分配请求到相应服务器上的 GIS 服务,从而动态感知服务器和 GIS 服务的工作情况。

### 4.1.2.2 服务对象容器

根据 GIS 的服务特性,应用 SOC 的方式管理 GIS 服务,一台 GIS 服务器可以并发启用多个 SOC,再通过服务器对象管理器来组织管理 SOC,从而节省服务资源,提高 GIS 服务的效率,减少等待消耗。本项目的不同 GIS 服务器上根据每台服务器的硬件特性,配置不同数量的服务对象容器。通过 Nginx 策略分配到不同 GIS 服务上,再通过服务器对象管理器管理不同的服务对象容器,以提高 GIS 服务的并发响应能力。每个 SOC 实例都可以进行独立的扩展和管理,从而优化 GIS 服务的处理能力和资源利用率。这种结合负载感知和响应实例的智能编排方式,可极大缩短系统的响应时间,提高系统的可用性。

### 4.1.2.3 托管服务

对 GIS 服务中的不同功能、数据库及服务进行单独托管,在应用中心中对各类 GIS 服务器进行单独管理。

本项目通过结合负载感知技术、SOC 实例和托管服务功能,监控不同 SOC 实例的负载情况,实现了基于负载感知的 GIS 服务管理架构,实现了智能分配请求至空闲或负载较低的 SOC 节点,有效解决了异构 GIS 服务集群的动态负载均衡问题。

实践证明,通过应用此技术,GIS 服务的利用率可提高 27%,扩展 GIS 服务的效率可提升 13%。

## 4.1.3 实现 GIS 服务高可用性调度与支持故障转移的主备集群架构

为解决应用服务器、GIS 门户、GIS 服务等有效集成调用的问题,综合交通"一张图"的门户节点采用了主备集群架构,将 GIS 门户节点分为主节点和备节点两部分,并通过高可用性调度机制实现对主备节点的动态管理和调度。当主节点出现故障、负载过重或服务"假死"等异常情况时,综合交通"一张图"能够自动将访问转移到备节点,提高服务的持续可用性。

主备集群架构关键技术点在于以下方面:

(1)自动故障检测与转移机制:系统实时监测主节点的状态和负载情

况,当检测到主节点发生故障或负载超出阈值时,自动触发故障转移机制,将访问转移到备节点上,确保服务的连续可用性。

(2)负载感知调度策略:系统采用负载感知的调度策略,根据不同节点的负载情况和性能指标,动态调整流量分配,以实现对整个集群的负载均衡和资源优化。

(3)快速故障恢复与自动切换:系统实现了快速的故障恢复和自动切换功能,当主节点出现故障时,备节点能够迅速接管服务,无缝切换,降低了系统故障的影响,缩短了停机时间。

(4)集群状态监控与报警机制:系统建立了集群状态监控和实时报警机制,能够及时发现和处理节点故障,提高了系统的稳定性和可靠性。

集群是指将多个相互独立的服务器组成一个逻辑集群组,像一个独立的服务器一样,共同对外提供服务,集群服务器提高了服务的可用性和灵活性。常见的集群架构模式包括主主模式和主备模式。主主模式是指两台服务器均处于活动状态,按照负载均衡策略共同对外提供服务。主备模式是指在一个冗余组内有多台服务器,一台处于主模式,其他服务器处于备份模式。在此状态下,由主服务器对外提供服务,而备份服务器只在主服务器出现故障的时候才对外提供服务。DNS 服务器是一种域名解析系统,为客户提供域名解析服务。Keepalived 是实现服务器集群管理的主流软件,支持主主模式和主备模式,是集群管理中保证集群服务器高可用性、高可靠性的一款应用。Keepalived 基于虚拟路由冗余协议( Virtual Router Redundancy Protocol,VRRP),由多个服务器(或者多个服务器网卡地址)构成一个或多个VRRP 组,每个 VRRP 组包含一个处于主模式的服务器和一个或者多个处于备份模式的服务器,主服务器负责处理业务,对外提供服务。如果主服务器宕机,或者被监测的端口、进程出现故障,备份服务器自动转为主模式,并立即接替原主服务器的工作,实现业务的平滑迁移,保障了服务器的高可用性和高可靠性,整个切换过程全部由系统自动完成,无须人工干预。每个VRRP 组拥有一个虚拟 IP( Virtual IP,VIP)地址,集群服务器通过 VIP 地址对外提供服务,且屏蔽了服务器的真实 IP 地址,提升了服务器的安全性。

要完成集群的架构,需要突破两项关键技术。首先,主备节点中 Keepalived 配置文件的配置,涉及 VRRP 组名、状态、网络接口、实例 ID、优先级,以及 VIP 地址等参数的设置。同一个冗余组的 VRRP 组名、实例 ID 必须一致。同一个冗余组中,根据状态参数、优先级高低决定主备状态,如果仅有一台服务器的状态参数为主模式,该服务器成为主服务器,如果有多台服务器的状态参数是主模式,优先级最高者成为主服务器。一旦主服务器出现故障,备份服务器自动切换到主模式,VIP 地址宿主主机变更,则可以通过定义脚本文件监测 Keepalived 状态信息,一旦发生状态变化,则自动重启 Named 进程。

通过引入主备集群架构部署的 Keepalived 方式,综合交通"一张图"实现了 GIS 服务高可用性调度与故障转移的主备集群架构,确保综合交通"一张图"在面对故障时能够实现快速的故障转移和具备持续的可用性,为用户提供持续可靠的服务支持。此外,攻克了应用服务器、GIS 门户、GIS 专业服务器等在系统架构、数据流管理和故障恢复等方面的关键技术。

## 4.2 基于对象存储的大规模并行分布式集群存储技术

本项目汇聚公路、铁路、水运、民航和邮政的规划、年度现状、建设计划、三维场景、遥感影像等空间地理信息数据,初步测算相关数据的大小约为 300T。需要研究交通时空大数据的组织、存储技术及并行计算技术,以解决大数据交通时空数据的存储和处理等业务问题。

### 4.2.1 提出一种基于多树结构的多时相三维切片数据存储方法

本项目提出了一种基于多树结构的多时相三维切片数据存储方法,该方法通过实现多树结构下的全域数据访问和全域数据的增量更新,有效解决了传统数据存储方法中存在的数据冗余和占用存储资源过多的问题。具体而言,该方法实现了对全域三维切片文件和更新三维切片文件中描述文件、节点页文件和节点文件的更新,从而实现了多树结构下的数据访问和增量更新。通过采用这种存储方式,不仅提高了数据的易维护性和灵活性,还为三维切片数据的存储和管理提供了一种高效的解决方案。这种方法不仅可以降低数据存储成本,还可以提升数据管理的效率,为大规模三维数据的存储和管理提供了可靠的支持。多时相三维切片数据存储流程如图4-1所示。

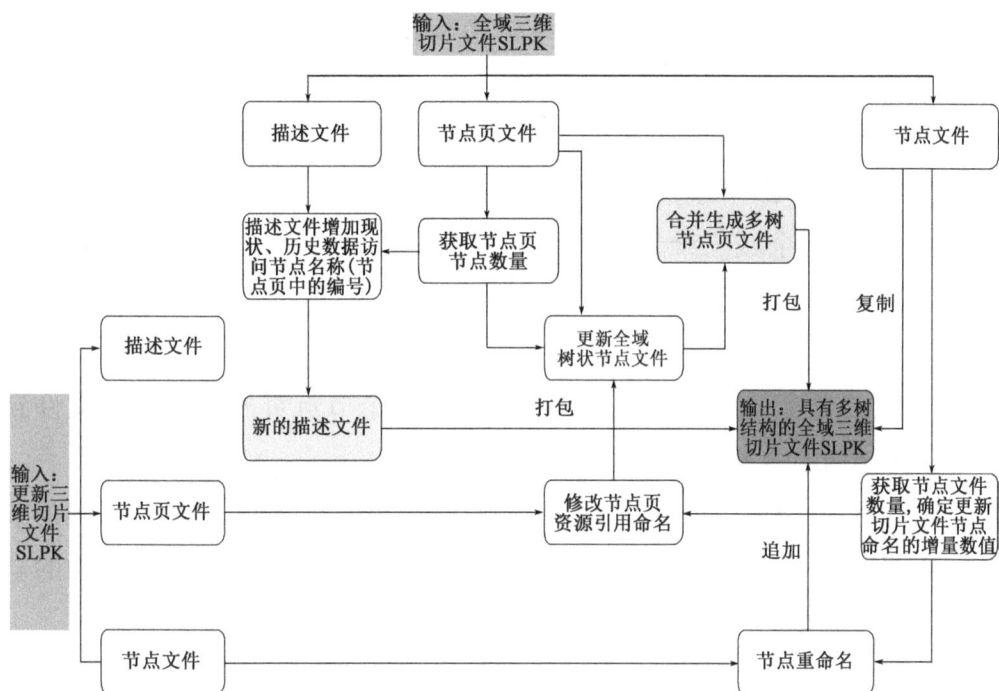

图4-1　多时相三维切片数据存储流程

### 4.2.1.1　实现通过多树结构对不同周期的全域数据的访问

采用多树结构可以实现对不同周期的全域数据的访问。

首先,在全域三维切片文件的描述文件中增加现状、历史数据访问节点名称(节点页中的编号),得到新的描述文件并打包。

然后,获取全域三维切片文件中节点页文件的节点数量、节点页文件和更新三维切片文件中修改节点页资源引用命名后的节点页文件,更新全域树状节点文件,将更新后的全域树状节点文件和全域三维切片文件中的节点页文件合并,生成多树节点页文件,并将多树节点页文件打包。

最后,对全域三维切片文件中节点文件的节点进行重命名。根据打包后的多树节点页文件、新的描述文件以及重命名后的节点文件,得到具有多树结构的全域三维切片文件。

#### 4.2.1.2 通过分离存储在全域数据上实现增量更新

传统的数据更新方法往往需要重新生成整个数据集,导致数据占用存储资源量大,且更新效率低下。本项目提出的多树结构下的多时相三维切片数据存储方法,通过分离存储树结构和节点数据,实现对全域数据的增量更新。

首先,获取更新三维切片文件中的节点页文件,并更新节点页文件中引用的节点文件的 ID 和节点页文件中的索引。

然后,遍历全域三维切片文件与更新三维切片文件的节点页中的节点,并进行空间匹配,记录匹配关系。根据匹配关系生成新的树状结构。

接着,复制全域三维切片文件中除最后一个节点页外的节点页文件到具有多树结构的全域三维切片文件中。

最后,获取全域三维切片文件中最后一个节点页文件,并增加新树的节点信息,根据节点的数量分割成不同的节点页文件,写入具有多树结构的全域三维切片文件中。

### 4.2.2 实现数据分片与去重技术的优化

#### 4.2.2.1 数据分片技术

本项目对大规模的综合交通数据,按照面积内数量占比的规则进行分区域和分网格处理,采用 R 树、Quadtree 和 Grid 等空间索引技术,对地理空间数据按照索引的方式进行组织,通过合适的哈希函数,将地理空间数据映射到不同的哈希表位置,实现对数据的分片管理。同时,将分片后的数据存储在分布式对象文件存储系统内,再通过地理引擎读取分布式对象文件存储系统内的文件,从而充分利用分布式存储系统的并行处理能力,提高数据读写的并发性和效率。本项目采用循环神经网络(RNN)的方式对数据进行分片,构造 RNN 模型的方法如下:

RNN 是一种具有 $n$ 个神经元的开放随机网络。在这个网络中,神经元 $i$ $(i=1,2,\cdots,n)$ 的状态由其在 $t$ 时刻的兴奋水平 $k_i(t) \in Z+$ 来表示,它是一个非负整数,称为"势"。RNN 中的正信号( +1)表示兴奋,负信号( −1)表示抑制。当正信号到达第 $i$ 个节点时,该神经元的势加 1,负信号到达使之减 1(到 0 时不再减)。同时,如果一个神经元的势是正值,它将不断地释放信号,释放信号的时间间隔服从均值为 $1/r_i(r_i > 0)$ 的指数分布,同时使自己的势减 1。若神经元释放一个信号,它作为正、负信号被传递到神经元 $j$ 的概率分别为 $P_{ij}^+$ 和 $P_{ij}^-$,这个信号也可能离开网络,此概率为 $d(i)$。神经元通过互相发送和接收正或负信号来完成信息交换,而不自身传递信号,所以有 $P_{ii}^+ = P_{jj}^- = 0(1 \leqslant i, j \leqslant n)$。而信号在传递过程中存在损耗,即 $d(i) > 0$。构建一个适当的权值矩阵,使得输入为一对兴奋和抑制的信号流速率的矢量时,网络输出为期望值,或者其与期望值的二次方差最小。

在全国范围内使用分片及空间索引技术与未使用此技术相比,读取数据的效率提高 31%。同时,使用分布式对象文件存储的方式读取数据的效率提高 11%,存储数据的速度提高 9%。

### 4.2.2.2　数据去重技术

存储空间地理信息数据的去重技术主要应用数据压缩技术去除地理空间数据中的冗余信息,以及识别并去除重复的数据块,减少小文件不足一块的碎空间。应用去重技术可以有效降低存储成本以及数据处理的复杂度和时间成本。

通过试验比较,采用数据去重技术可减少 22% 的磁盘存储空间,同时读取的速度提高 8%。本项目还实现了实时监控和分析数据的存储和访问情况,并动态根据实际需求迭代调整数据分片和去重策略,从而进一步优化了地理数据的存储效率和读写性能。

### 4.2.3　实现基于存储性能预测的数据布局

为满足综合交通"一张图"对数据存储性能的高并发业务需求,综合交通"一张图"内实现了基于存储性能预测的数据布局策略。基于存储性能预测的数据布局策略是借助存储性能预测工具,同时深入分析和评估数据特性,预测存储方案的性能结果,确保数据被分配到较优的存储节点和介质上。

通常情况下对节点的负载状态进行评估是为了描述和反映该节点在某

时刻的真实工作状态,然而一个节点的真实工作状态又最终是由它在该时刻的繁忙程度来具体决定的,也就是说,节点在某一时刻的繁忙程度能够全面、准确地反映该节点此时的负载状态。其中,节点某时刻的繁忙程度一般包括很多影响因素,如中央处理器(CPU)占用率、输入/输出(I/O)利用率、存储空间利用率、内存利用率、网络带宽占用情况、任务连接数等。在实际日常的系统应用中,往往会根据系统工作内容中的具体要求不同,而有针对性地将各个影响因素对节点负载状态的影响的重要程度进行调整。

### 4.2.3.1 指数平滑法的负载预测模型

指数平滑法是一种基于时序性的高效预测算法,非常适用于中短期的趋势预测。其原理是对于预测对象的所有历史数据序列,根据对最终预测效果的影响程度不同,而为其赋予不同大小的权重系数来计算指数平滑值,最后再通过一定的时间序列模型对该对象下一周期的结果进行预测。指数平滑法主要包含两个重要的特征:一个重要的特征是在预测模型中需要用到预测对象所有的历史数据和所有的相关信息;另外一个重要的特征是该预测方法是按照"厚近薄远"的基本原则,来对所有的历史数据进行加权以及修匀的。也就是说,距离当前时刻越远的历史序列值,对预测结果的影响越小,因此为其赋予较小的权重;反之,距离当前时刻比较近的历史序列值,由于这些数据对预测效果的影响是非常大的,因此为其赋予较大的权重。这样做不仅能够修匀历史数据对预测结果的影响,也能够削弱某些异常历史数据对最终预测效果的不利作用,从而达到提升整体预测精度的效果。由于指数平滑法具有简单易行和性能优良等显著的特点,因此,该算法已经成为研究者目前使用频率非常高的经典预测、控制方法。根据平滑次数的不同,指数平滑法共可以分为三种类型:一次指数平滑法主要适用于一些具有稳定变化特征的时间序列预测;二次指数平滑法通过引入新的参数,适用于对具有短期趋势变化的时间序列进行预测,并且能够达到更好的预测效果;三次指数平滑法主要适用于一些非线性变化的时间序列预测,预测效果是最好的,但其算法的实现复杂度较高。

### 4.2.3.2 基于二次指数平滑的负载预测模型

在对呈线性变化趋势的时间序列或观测值进行一次指数平滑后,结果会产生明显偏差和滞后,二次指数平滑法则是在此基础上对其再做一次指数平滑来进行修正,最后建立直线性趋势预测模型。

(1)平滑系数 $\alpha$ 对最终的负载预测结果起着关键的影响,但在传统的二次指数平滑负载预测模型中,其平滑系数 $\alpha$ 存在严重的静态性,容易导致最终的预测结果偏差较大。因此,本项目在优化的二次指数平滑预测模型中,对其静态性方面的不足进行优化,引入一个动态平滑参数(该动态平滑参数能够随着时间的推进和数据的更新不断进行动态调整),从而使得对实时动态变化的负载进行预测时,其最终的预测效果更加精准。

(2)当负载历史序列过长时,采用传统的二次指数平滑负载预测模型进行负载预测,不仅会加重主控节点的存储负担,还容易造成预测算法的计算复杂度高而带来的等待时间过长问题。因此,在本项目的动态优化预测模型中还会舍弃掉距离当前 $t$ 时刻较远的负载历史序列,最终只保留 $t - t_0$ 之后的负载时间序列,以此来降低预测算法的实现复杂度以及主控节点的存储需求,并能够使负载预测模型始终处于预测效果优化的状态。

而本项目动态优化后的负载预测算法中的 $\alpha$ 是通过反复迭代寻求误差平方和(SSE)的最优解得到的,并且能够动态地在负载发生较大变化时及时地作出响应,其整体的实际负载预测效果在很大程度上优于传统的静态二次指数平滑预测算法,并且最终达到的预测精准度也是极高的,完全能够满足本项目对云环境下存储集群中存储节点下一时刻的负载值进行预测时的精度要求。

本项目还通过此模型实现了通过分析用户对数据的访问模式和频率来优化数据布局,达到最佳的存储性能和资源利用效率,并通过实时监控跟踪存储性能,确保其适合不断变化的存储环境。

## 4.2.4 实现云原生对象存储与 GIS 文件系统的融合

云原生对象的数据存储层负责组织和存储数据,一些系统会将数据重组为内部优化的、压缩的、列式存储的格式,以提高读写性能,并将这些数据存储在云存储空间中。考虑到这些数据量是巨大的,为了提供具备可扩展性、弹性等特点的存储空间,云原生对象存储会倾向于使用云服务提供商的对象存储服务。云对象存储服务是一种具有海量容量、安全、低成本、高可靠、高数据持久性、高可用性的云存储服务。本项目使用 S3 对象存储,在这些云对象存储服务中,对象(相当于文件)只能完全写入,写入之后不可修改,部分支持对文件的追加操作,并且支持对文件的范围读取请求。这些特性对部分数据系统的文件格式具有很大的影响,例如,因为单个文件的不可变属性,在某些系统中,数据文件会被水平划分为多个不可变的数据块,每个数据块作为一个对象存储在对象存储空间中,这样便于实现对文件的部分修改以及对版本的控制等功能。云原生对象存储 S3 协议具有以下优点:

(1)高效。S3 对象存储使用了分布式的存储架构,这意味着它可以处理大规模数据的存储需求。此外,S3 对象存储可以对存储的对象进行自动分层,并且在数据访问频率较低时,可以将数据从高速磁盘转移到低速磁盘,以此来控制存储成本。同时,S3 对象存储还可以对存储的对象进行版本控制,以便更好地管理数据的演变。

(2)安全。S3 对象存储提供了多种安全性控制手段,以确保存储数据的安全性。首先,S3 对象存储支持安全套接层(SSL)加密传输,可以保证数据在传输过程中的安全性。其次,S3 对象存储支持对数据的加密存储,可以保证数据在存储过程中的安全性。此外,S3 对象存储还提供了访问控制策略,可以对存储的数据进行更加细致的权限控制。

(3)可靠。S3 对象存储采用了分布式存储架构,可以在多个设备之间复制数据,以防止单点故障的出现。此外,S3 对象存储还提供了数据冗余技术,可以对存储的数据进行备份和恢复,以保证数据的可靠性和完整性。这些措施可以确保数据在存储和传输过程中不会丢失或损坏。

本项目通过 S3 协议的云原生对象存储与 GIS 文件系统相融合,利用 S3 协议云原生对象存储技术,将地理信息数据以对象的形式存储在云端存储系统中。这种存储方式具有高度的可靠性和可扩展性,能够满足大规模地理信息数据的存储需求,确保数据的安全性和可用性。同时,利用 GIS 文件系统对存储在云端的地理信息数据进行多维度分析、可视化展示及管理,可满足超大规模数据的分析与运算需求。

## 4.3  综合交通制图和用于分析协作的智能制图技术

为满足交通行业突发事故时的应急需求及日常业务人员加载显示非本项目内的地理资源进行智能制图等业务需求,项目组研究综合交通制图和分析技术,实现了交通设施栅格地图矢量化、云边多端交互模板和地理智能参数校正等功能。

### 4.3.1  提出基于 Spark 分布式计算的交通设施栅格地图矢量化转换方法的应用

本项目提出了一种基于 Spark 分布式计算框架的交通设施栅格地图矢量化转换方法。该方法通过自定义 TileRDD 表示和存储栅格数据,并通过 flatmap 操作以及持久化(Persistent)、过滤(Filter)和聚合(Aggregate)等 Spark 高级 API 实现对栅格数据的矢量化转换。该方法具有高效、准确、可扩展和可靠等特点,可以满足大规模和复杂的栅格数据处理需求。交通设施栅格地图矢量化转换流程示意图如图4-2所示。

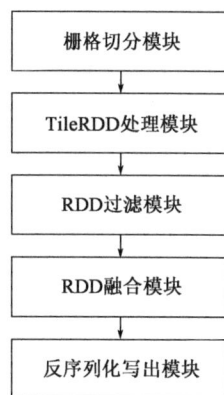

图 4-2  交通设施栅格地图矢量化转换流程示意图

#### 4.3.1.1  基于 Spark 的分布式计算加速栅格数据处理

本项目利用 Spark 分布式计算框架,实现了大规模交通专题栅格地图的矢量化转换。利用 Spark 弹性分布式数据集(RDD)和 DAG 调度器的优势,将输入的栅格数据分解为多个分区,并将其分配给多个计算节点进行并行处理。该分布式计算方式极大地提高了处理效率,能够充分利用集群资源,将计算任务分配到多个节点上并同时执行,从而大幅缩短了处理时间。相比于传统的串行处理方式,使用 Spark 进行并行处理能够更有效地处理大规模的数据集,使得大规模交通栅格地图的矢量化转换任务得以快速完成,为后续的数据分析和应用提供了可靠的基础。

#### 4.3.1.2  通过自定义 TileRDD 提升栅格数据矢量化精度

本项目采用了自定义 TileRDD 来表示和存储栅格数据,避免了对原始数据的预处理,提高了矢量化转换的效率和精度。TileRDD 作为一种继承自 RDD 的自定义数据结构,其每个分片都包含一个栅格切片的二进制数据及一个表示切片位置的元数据。这种自定义数据结构的使用,使我们能够更好地控制栅格数据的存储和传输过程,从而减少数据处理中可能出现的误差和不确定性。借助TileRDD的灵活性和高效性,能够更加精确地处理栅格数据,并在矢量化转换过程中保持数据的完整性和准确性。此外,由于避免了对原始数据的预处理,能够更快地进行矢量化转换,从而提高了数据处理的效率。基于自定义 TileRDD 的数据表示和存储方式,为矢量化转换任务提供了更加可靠和高效的解决方案,为后续的数据分析和应用提供了坚实的基础。

### 4.3.1.3 实现栅格数据矢量化技术的高效、准确和稳定

本项目通过 flatmap 操作将栅格数据转换为空间矢量数据,并在同一步骤中进行边界检测和属性提取。flatmap 操作将每个栅格切片转换为一个 Feature 要素,其中包含一个属性对象和一个几何对象。这种操作的优势在于,它能够高效地将栅格数据转换为矢量数据,同时进行边界检测和属性提取,从而减少处理步骤,提高转换效率。

通过持久化操作将矢量数据缓存到内存或磁盘中,避免了重复计算,提高了稳定性和可靠性。持久化操作的实施便于在后续的处理过程中重复使用已经计算过的数据,从而降低计算负担,提高数据处理的效率。

对于与边界相交的矢量对象,通过聚合操作将属性相同且相邻的对象融合为一个对象,可以提高空间拓扑关系的维护效率,提高结果的准确性和完整性。通过合并相邻的矢量对象,能够更好地保持数据的连续性和一致性,提高了结果数据的质量和可用性。

最后,将与边界不相交的对象进行合并输出,可以保证结果数据的完整性和美观度。通过合并不相交的对象,能够确保输出数据的完整性,同时也使得结果数据更加直观和易于理解。这一步骤的实施为最终结果的展示和应用提供了可靠的数据基础。

## 4.3.2 建立面向云、边多端的 GIS 可视交互模板与组件库

### 4.3.2.1 交互模板

本项目通过定制研发,搭建了面向 Windows、macOS、麒麟、中标等桌面

端和 iOS、Android 等移动端的大量自定义地理信息可视交互模板,这些模板适用于不同架构下的交通业务场景。本项目中的交互模板具有以下特点:

(1)跨平台兼容性。本项目中提供的模板支持多种操作系统和在云、边等端上运行,如 Windows、macOS、麒麟、中标等桌面端,以及 iOS、Android 等移动端,用户可以根据自己的需求在不同的设备上选择合适的模板快速搭建小的 GIS 应用定制业务场景,如历年数据分屏比对、绘制机场建设进展时间轴、绘制公路路线建设趋势时间轴等。

(2)自定制性。本项目中的交互模板可自定义地图的样式、主题、布局等,以适应不同的场景和需求。本项目不仅可以使用现有的模板,还可以使用自定义的扩展模板。

(3)易用性。本项目提供的各种云、边、端可视化的模板降低了 GIS 应用的技术门槛,用户无须深入了解 GIS 原理和技术架构,仅通过拖拽、配置参数、粘贴部分代码等简单修改操作,即可实现对复杂地图可视化的浏览、查询功能。

(4)数据可视化能力。本项目支持多种数据类型和格式的地图数据,如矢量数据、栅格数据、倾斜摄影数据、CSV 数据、XML 数据等,用户可以将这些数据快速地在地图上进行展示和分析,并与多种类型的仪表盘进行组合运用,从而提升 GIS 的可视化场景应用能力。

### 4.3.2.2 组件库

本项目中的面向云、边多端交互式模板以组件库为基础。组件库是一个兼容、可扩展的容器,可自行添加外部组件库扩展模板内容及自定义模板。本项目中的组件库具有以下特点:

(1)可扩展性。本项目的组件库可扩展性较好,可支持通过动态服务绑定、注册、调用等方式进行扩展,并可将服务数据与地图组件进行绑定,实现数据的实时展示和动态分析,为行业的数据可视化提供平台支撑。

(2)多样性。组件库内包含了丰富的地图可视化元素和应用工具,如图层控制、信息查询、地理分析等,可根据业务及场景的需求选择合适的组件进行组合,创建合适的 GIS 来展示数据的"图数"交互界面。

（3）兼容性。组件库的兼容性较强，可在云、边上的 Windows、macOS、麒麟、中标等桌面端，以及 iOS、Android 等移动端等环境中进行扩展。同时，也支持用不同语言开发的组件库。

综上所述，本项目通过模板和组件库，实现了面向云、边多端的可视化交互的 GIS 应用模板，满足行业内对 GIS 应用的需求，并满足低代码开发展示、分析数据的业务需求。

### 4.3.3 实现融合地理智能参数自动化校正的智能制图

本项目通过整合高级的地理信息系统技术，搭建了智能的地图制作和分析平台，极大地简化了数据处理流程。

#### 4.3.3.1 修正地理错误

本项目的综合交通"一张图"实现了修正、忽略地理上错误数据的功能，同时具有能自动校正拓扑关系的能力，并能够自动检测数据中的几何错误。

（1）修正地理错误。本项目内嵌了修正地理错误的处理规则，该规则先检查数据集中是否存在地理错误数据，若存在相应的地理错误数据，则启动处理数据的工具，完成对数据的自动处理。同时，发现数据存在不同地理错误时，可以增加检测和修正地理错误的规则。

（2）自动校正拓扑。在交通数据存在需要拓扑校正的数据，如农村公路中的盘山公路、立体相交的公路或铁路。在数据制图过程中需要制定相应的自动校正拓扑关系的规则，同时，可通过云端修改、添加拓扑规则。

（3）自动检测几何错误。可自动检测下面这些几何错误：

①短线路：交通地理线段短于与几何关联的空间参考单位所允许的长度。

②空几何：交通地理要素不具有几何或图形字段为空。

③自相交：交通要素中面无法与自身相交。

④非闭合环：环中最后一条路段的"端"点与第一条线段的"始"点不相交。

⑤不连续部分：交通要素几何的某部分由断开或不连接的部分组成。

⑥空的 Z 值：交通要素几何的一个或多个折点 Z 值为空。

⑦未匹配的属性：交通要素线端点的 $Z$ 坐标或 $M$ 坐标与下一条线路中与之重合端点的 $Z$ 坐标或 $M$ 坐标不匹配。

### 4.3.3.2 自动化制图

自动化制图就是要解决"何时、何地"实施综合操作的问题，也就是要研究满足综合要求的自动地理分区方法并对地理实体进行评价，既要拥有对交通地物在全局结构中的地位进行评价的机制，也要拥有对交通地物在局部地段的相对重要性进行区分的手段。

地图制图过程是一系列的信息转换过程，通过对制图对象的选取、化简、分类分级和符号化，使得地图使用者能更有效、更容易地通过地图获取尽可能多的信息。应用基于覆盖几何的符号关系处理方式来进行地图综合，在交通地理数据符号化的过程中，许多要素间蕴含的间接信息都要表达为地图符号间的直接信息，这些信息提取的过程可以总结为对要素的特征几何的地理处理过程，并通过覆盖几何来反映到地图符号上。主要采用直接覆盖和点位标记的模式来进行地图综合。

(1)覆盖几何的直接覆盖模式。直接覆盖模式是指对原始特征几何进行裁剪、求交、偏移、延伸、缓冲等空间地理处理，获取新的几何体作为覆盖几何，实现符号化效果。如道路压盖水渠的处理、独立大棚的处理等，均采用该种模式。直接覆盖模式生成的覆盖几何，可以是单一部分几何，也可以是多部分几何集；覆盖几何能够满足符号化运算要求即可，不做拓扑要求。

(2)覆盖几何的点位标记模式。面几何和线几何均可以看作点几何的特殊集合。点位标记模式的处理方法是对点集合内特定位置的点进行标记处理，通过编写特殊的图元驱动规则并执行，从而读取这些标记信息，对覆盖几何进行局部提取、删除或作为特征进行处理，实现特定的符号效果。桥梁面的开口处理和道路网中道路边线的局部消隐等，均采用该模式实现。集合内点的标记状态有 4 种，起点标记、终点标记、特征标记和未标记。起点标记配合终点标记使用，用于提取点集中由起点标记开始到终点标记间的所有点，包括其中的未标记点；特征标记直接返回特征点，用于对特殊符号驱动规则的处理；未标记点则作为一般点处理。使用点位标记模式的覆盖几何配合局部消隐驱动规则的符号化。

### 4.3.3.3 地物抽稀模型

按照以下步骤,对交通地物附近的点要素进行抽稀,实现不同比例尺级别下自动化抽稀交通地物的模型。根据输入的路网数据和地物数据,对地物进行抽稀,获得第一目标地物集合,具体包括以下几步:

(1)将非高速公路路网在公路平面相交处打断,高速公路根据互通式立交桥位置打断,再利用打断后的路网构建网络数据集。

(2)从上步的网络数据集中提取路网的交叉点和端点作为关键节点。

(3)针对每一地物,确定该地物的名称长度 $L$,以及确定该地物与其距离最近的关键节点,其中该地物与其距离最近的关键节点的距离为 $D$,每一地物唯一对应一个关键节点。

(4)针对每一关键节点,仅保留关键节点距离阈值范围内,与其距离 $D$ 最小的地物。

(5)计算各个地物在容限范围内的密度 $G_1$ 以及各个地物的名称长度 $L$,计算各个地物的排序值 $\text{sort}_1$,其中对于距离 $D$ 在关键节点预设距离阈值范围内的地物的排序值 $\text{sort}_1$ 设置为0。

(6)根据各个地物的排序值 $\text{sort}_1$,对各个地物进行排序,并确定地物总数 $N_1$,其中用 ID 表示每个地物的排序编号。

(7)根据设置的抽稀比例参数 $R_1$,删除满足第一预设条件的地物,得到所述待保留的地物集合 $P_{11}$,其中所述第一预设条件为地物的 ID 在 $R_1 \times N_1$ 的范围内且密度 $G_1 > 0$、地物的排序值 $\text{sort}_1 > 0$,从而实现对交通地物的自动抽稀。

### 4.3.3.4 图层智能渲染

系统能够根据数据特性,智能推荐最适合的图层渲染方案,降低使用难度,并确保地图表达的准确性和直观性。

(1)点几何对象渲染。点几何对象的空间要素主要是位置要素,坐标分别用经度与纬度来表示。地图中的兴趣点等相关对象主要存储为点几何对象类型。点渲染为圆形形状,中间以实色填充,可改变圆的半径大小及填充颜色。绘制时将圆拆分为多个三角面片,进行渲染;为提升地图展示效果,地图中的点几何对象通常用栅格符号来展示,渲染引擎在绘制栅格地图符号时,先将符号库加载至显存中,形成整幅纹理,类似文字中的字典,然后采用纹理贴图方式,将符号渲染至地图相应的位置,从而提升了符号的渲染性能及美观性。

（2）线几何对象渲染。线图层可分为3类:单线图层、宽线图层和符号线图层。对于单线图层,直接使用工具即可快速绘制。但对于宽线图层,引擎首先将其拆分为矩形,再将矩形拆分为三角图元的组合,再进行渲染。符号线图层处理与复合点图层相似,都是被拆分成基本点、线、面、文字的组合后,被处理到多个点、线、面或文字渲染。

（3）面几何对象渲染。面要素采用三角剖分法,绘制过程为:将表达面要素的几何多边形分割成多个三角形的组合,三角网要完全覆盖多边形且无相交边,然后在显卡内存中进行实时动态的渲染。本项目使用一种基于蒙板算法的绘图机制,多边形的绘制以这种方式替代了传统的三角剖分方案,将面要素渲染分为两步:一是在模板缓冲区中刻画面的形状,形成颜色缓冲区上的遮罩;二是在颜色缓冲区中绘制面的外包矩形,即可得到最终的渲染结果。

（4）文本渲染。本项目采用基于字典方式的文字缓存方案,其核心思想是将一次渲染用到的相同字体、字号的文字字形图像按像素点分为一组,拷贝到显存中的纹理页。

通过修正地图错误、自动化制图及智能图层渲染等功能,实现了融合地理智能参数自动化校正的智能制图功能,满足了交通行业内地图综合及智能制图等业务需求。

### 4.3.4　提出基于样式服务的前后台统一符号系统和制图规范

制作专题图的操作主要包括数据加载、属性表达、地图整饰和地图输出。数据主要为专题要素和底图要素,属性表达是将专题要素通过图形表达出来。在地图符号设计方面,本项目可自主编辑符号,包括在符号样式器中增加符号,也可通过样式管理器来调取符号对图层进行渲染,并提供了设计点状符号的方法、多种线状和面状符号类型。设计不同线形时,可以利用这几种方式的组合,使制图表达灵活方便。同时,本项目内的符号库可以与他人共享,支持对几十个图层进行分布式并行处理,性能和稳定性较高。

#### 4.3.4.1 统一符号

将图层要素数据转换为制图表达,并存储在地理信息数据库中,能够实现服务端对图层数据的快速共享。例如,将交通要素的阴影的制图表达存储在属性表中后,可以方便不同版本专题地图对建筑物阴影的共享。这种存储在服务端的方式,改变了过去只将符号化信息存放在客户端的存储和使用方式。本项目采用统一的符号系统,符号在云、边端上均通用,从而可任意地共享符号。

#### 4.3.4.2 统一样式

地理模型在本质上表达了地理实体间的关系信息,包括空间信息、语义信息以及拓扑信息。制图模型中的图形对象包含几何信息和图形样式。地理实体间的拓扑关系主要应用于空间数据处理和分析领域,在地图设计领域较少涉及。因此,忽略空间实体间的拓扑关系,而是分别取其信息相对完整的部分混合形成本项目的模型。混合对象的对象属性来源于地理实体的语义信息,包含地理实体的属性集。混合对象的对象样式来源于图形对象的图形样式,主要包括图形对象的样式描述信息。制图几何由空间几何而来,在模型转换过程中,由于制图表达的需求,制图几何丢失了部分空间信息。

本项目采用 WebStyle 技术及制图信息模型规范,实现制图样式的共享与同步,确保前后端符号样式的一致性,按一致的样式自动化渲染矢量数据。此方法解决了矢量数据结构本身不存储制图样式信息,导致数据在不同平台(如桌面端、地理信息门户、业务系统)呈现差异性样式的问题。通过构建一套标准化的、适配前后端的样式库,以数据即服务的方式实现标准统一,确保了专业桌面制图与前端快速制图中的地图图层和服务样式的同质性,实现了多端的样式一致性。通过智能制图模块对接样式文件,新的数据可便捷地采用样式定义,实现了数据表达的一致性和准确性。

## 4.4 多源异构交通设施时空大规模数据 GIS 技术

本项目主要汇聚以下七大类数据:

(1)中长期规划:国家综合立体交通网规划(含国际性枢纽港站、国际性综合交通枢纽城市、国际性综合交通枢纽集群、国家邮政快递枢纽等数据),高速铁路(含高速铁路主通道)、普通国道、高速公路、内河航道、港口、民用运输机场规划等中长期规划。

(2)"十三五"规划:"十三五"时期综合运输大通道和综合交通枢纽规划、铁路规划、高速铁路规划、普通铁路规划、高速公路规划、航道规划及2016年分段达标等级航道规划、民用运输机场规划、原油管道规划、成品油规划、天然气规划。

(3)历史与现状数据:货运火车站、客运火车站、高速铁路、普通铁路、高速铁路车站、国家高速公路、国道、省道、桥梁(国省道)、隧道(国省道)、县道、乡道、村道、专用公路、桥梁(农村公路)、隧道(农村公路)、桥梁(全部)、隧道(全部)、渡口、一级公路、二级公路、三级公路、四级公路、未铺装路面、简易铺装路面、水泥混凝土铺装路面、沥青混凝土路面、收费站、交通调查站、高速公路服务区、高速公路停车区、公路客运场站、内河航道、瓶颈航段、船闸(包括枢纽船闸和枢纽升船机)、枢纽(包括通航枢纽和碍航枢纽)、水下过河建筑物、临河设施、港口、内河泊位、海轮泊位、民用运输机场、邮政局(所)、物流快递点、城市道路和城市地铁。

(4)背景底图:世界底图(白色)、世界底图(浅色)、世界底图(深蓝色)、世界底图(暗黑色)、世界底图(彩色)、国境线底图、中国地形、中国国界、中国各级行政中心、中国各级行政中心(浅色)、中国各级行政中心(彩色)、中国路网(浅色)、中国路网(深色)。

(5)集中连片特困地区、国家重点扶贫县、革命老区、少数民族自治县、边境县、京津冀地区、雄安新区规划图。

(6)各类不同分辨率、不同时间段的遥感影像数据,DOM 数据。

### 4.4.1 提出一种基于 I3S 标准的大范围倾斜摄影数据融合技术

提出了一种基于 I3S 标准的大范围倾斜摄影数据融合技术,通过该技术能够有效提高浏览器加载数据的效率。该技术的核心在于,首先根据倾斜摄影 OSGB 数据提取各切片数据对应的多边形,然后根据提取的多边形生成具有 LOD 层级的多边形,之后对高程数据和正射影像数据进行切片分割,生成地形级倾斜 SLPK 数据,并将倾斜摄影 OSGB 数据转换成倾斜摄影 SLPK 数据,最后根据地形级倾斜 SLPK 数据和倾斜摄影 SLPK 数据生成融合 SLPK 文件。该技术有效地解决了网络访问时数据加载慢的问题。

#### 4.4.1.1 基于四叉树的多边形层级生成方法

本项目提出了一种基于四叉树的多边形层级生成方法。该方法首先将提取的多边形作为第一 LOD 层级的多边形,然后按照四叉树的原则将邻近的四个多边形合并为一个多边形,逐级递归,直到合并后的多边形数量小于预设的阈值,将最后一个 LOD 层级中的各多边形作为集合 SHPN。该方法通过四叉树原理有效地减少了需要加载和处理的数据量,同时保持了数据的准确性和清晰度。

#### 4.4.1.2 多分辨率的高程和正射影像切片分割技术

本项目提出了一种多分辨率的高程和正射影像切片分割技术。该技术首先分别依据集合 SHP1 ~ SHPN,逐级对高程数据和正射影像数据进行切片分割,同时利用栅格重采样算法逐渐降低高程数据和正射影像数据的分辨率,得到高程切片数据和正射影像切片数据。该技术通过设置不同的分辨率,可以根据需要在不同精度下展示数据,有效减少数据量和提高加载效率。

#### 4.4.1.3 倾斜摄影数据与地形数据融合技术

本项目提出了一种倾斜摄影数据与地形数据融合技术。该技术将地形级倾斜 SLPK 数据和倾斜摄影 SLPK 数据进行融合,实现了倾斜摄影数据与地形数据的无缝结合。在融合过程中,对节点 ID 和节点页信息进行更新,确保数据的正确性和完整性。同时,在生成融合 SLPK 文件时,能够灵活地控制数据的加载顺序和方式,使得页面加载更加流畅和高效。借助这一融合技术,实现了对倾斜摄影数据与地形数据的全面展示和应用。

### 4.4.2 实现基于统一数据模型的交通设施时空数据汇聚与融合

本项目实现了所有数据均遵循统一标准,确保了数据的一致性和互操作性。标准不仅涵盖数据的采集、处理、存储和分析等环节,还特别强调适合于交通领域数据特征,以满足管理的需求。

#### 4.4.2.1 数据模型

1)线性参考系统(LRS)

通过线性参考系统(LRS)的应用,使交通数据能够按照统一的空间参照框架进行组织,在此基础上实现了动态分段管理,使得多层信息能够按照统一的准则在系统中展现。

LRS作为一种有效的空间数据管理工具,能够将线性要素(如道路、管线等)与其相对应的位置信息关联起来,实现了空间数据与属性数据的有效关联。这种关联机制使得综合交通"一张图"可在地理信息系统中根据特定的线性要素来查询和管理相关的属性信息,实现对数据的高效管理和利用。通过LRS的应用,系统实现了动态分段管理的功能。这意味着在数据更新或维护过程中,系统能够根据实际情况自动调整线性要素的划分方式,使得每个分段都能够尽可能准确地反映真实世界中的地理特征。这种动态分段管理机制极大地提高了数据管理的灵活性和效率,使得系统能够更好地适应各种数据变化和更新需求。

在这样的空间参照框架下,多层信息能够按照统一的准则在系统中展现。这意味着对于不同类型、不同来源的地理信息数据,可以在同一个空间参照框架下进行统一管理和展示,使得用户可以方便地查看和分析各种信息。例如,对于道路、管线、河流等不同类型的线性要素,可以根据其在LRS中的位置进行统一管理,而各种属性信息则可以与相应的线性要素关联起来,形成完整的地理信息数据集合。这种统一的展现方式有助于用户更加全面地理解和利用地理信息数据,提高了数据的价值和应用效果。

2)Geodatabase空间数据模型

Geodatabase空间数据模型作为地理信息系统中的一种重要数据模型,

为交通基础设施的空间地理信息数据提供了灵活的存储、管理和扩展能力。该模型通过要素类、要素数据集、关系类、几何网络、域、有效规则、栅格数据集、TIN datasets 和定位器等结构,实现了对交通基础设施空间地理信息数据的统一管理和组织。

Geodatabase 空间数据模型通过要素类的定义,实现了对交通基础设施中各种要素(如道路、桥梁、隧道等)的有效描述和存储。要素类可以根据实际需求进行灵活的设计和扩展,以满足不同类型和粒度的数据管理需求。

要素数据集的应用使得人们能够以集合的形式对交通基础设施的相关要素进行组织和管理,便于对整体数据进行统一管理和操作。这种集合化的管理方式,有助于提高数据的整体性和一致性,为有效利用数据提供了便利。

Geodatabase 空间数据模型中的关系类和几何网络等结构,为交通基础设施之间的空间关系和网络拓扑关系的描述和分析提供了支持。这些结构的应用,使得用户能够更加深入地理解交通基础设施之间的关联和相互作用,从而为交通规划、设计和管理等方面的决策提供重要依据。

Geodatabase 空间数据模型还支持域、有效规则、栅格数据集、TIN datasets 和定位器等功能,这些功能的应用进一步丰富了数据模型的功能,扩大其应用范围。例如,域的定义可以对数据进行约束和规范,有效规则可以帮助保证数据的质量和完整性,栅格数据集和 TIN datasets 等结构为交通地理信息数据的多样化表达提供了支持,定位器则为空间查询和分析提供了高效的定位功能。

Geodatabase 空间数据模型通过其丰富的结构和功能,为交通基础设施的空间地理信息数据提供了统一、高效和可扩展的管理和组织手段,为交通行业的信息化建设和业务应用提供了强大的支撑。

### 4.4.2.2 交通设施时空数据模型

1)数据组织

交通设施具有较强的时空关系,项目组基于时态拓扑约束、空间拓扑约束、参照约束规则、条件约束规则等相关规则,对网络区域进行数据组织,再通过时间一致的交通实体数据不重复组织的方式对交通设施时空数据进行组织。

2）数据存储

行业内的综合交通"一张图"数据量大,涉及的数据类型多、体量大,常规数据库难以满足其数据存储需求。该综合交通"一张图"设计了分级地理数据库、文件缓存、前端缓存和与 Redis 结合的时空数据组织,以实现对多源异构数据的高效存储、表达和管理。三维模型数据被设计为三级存储结构,第一级为三维时空数据库,包含一个区域集列表和描述该数据库的元数据信息;第二级为区域集,将三维模型按照区域划分到不同的集合中,包含区域内建筑要素集合和描述该区域建筑要素的元数据信息;第三级为建筑要素,包含三维模型的空间信息和语义信息。

3）时空数据索引

空间填充曲线为对目标排序规则的一种直观表现,空间目标排序需要一个排序的规则。对于空间填充曲线,一般通过行列号进行顺序索引,不能顾及地物的空间聚类特征;而 Hilbert 曲线具有优异的空间聚类性,采用递归定义的方法,即通过不断复制和翻转即可得到更高阶的曲线。Hilbert 曲线构建的空间索引使得在空间上相邻的瓦片在索引序列中也是相邻的,因此加载时能快速获取场景周边的瓦片数据。

4）三维模型轻量化

三维模型数据往往数据量较大,在 Web 端加载缓慢,且易导致浏览器卡顿崩溃,这一直以来是三维模型加载面临的瓶颈,严重影响了用户体验,限制了三维模型的应用。与此同时,人们对于移动端三维模型加载可视化的需求也越来越迫切。本项目针对三维空间数据的结构优化、数据纹理压缩和组织方式,设计了一种三维模型数据轻量化方法:首先对模型瓦片进行合并;再利用变分近似方法拆分模型,得到模型的每个面;然后删除每个面内部的三角格网,只保留轮廓线;最后对模型面进行重组,并将纹理映射到相应的面,得到简化后的轻量化模型。

### 4.4.3　实现多源数据融合质检的算法集成

为融合多源各类交通空间地理信息数据,对数据的质量进行检查。本项目中综合交通"一张图"通过算法模型完成融合各类数据的质检工作。对来自不同数据源的地理信息数据进行整合和统一的质检处理,集成几何、拓扑和数据质量检查等算法,形成一体化的质检子模块,提高了质检工作的效率,降低了人工干预和错误的可能性,保证了质检结果的准确性和可靠性,提高了数据的一致性,实现了数据质量的全面提升。

### 4.4.3.1 几何和拓扑检查模型

建立质检模型,涉及几何和拓扑关系检查的算法能够有效识别空间数据中的几何问题和拓扑关系错误,有效防止劣质数据入库归档。可对以下交通空间地理几何或拓扑数据进行检查:

(1)短线路:短于与几何关联的空间参考单位所允许长度的要素。

(2)空几何:无空间图形的要素。

(3)不正常的环走向:无正确走向的面状拓扑结构要素。

(4)不正确的线段走向:具备多个走向的要素。

(5)自相交:无法与自身相交的面状要素。

(6)非闭合环:面状环中最后一条路段的"端"点与第一条线段的"始"点不相交的要素。

(7)空的部分:具有多个空间图形部分,其中至少有一部分为空的要素。

(8)不连续部分:空间图形的某部分断开或不连接的要素。

(9)空的 $Z$ 值:空间图形的一个或多个折点 $Z$ 值为空的要素。

另外,交通空间地理数据子模块可根据实际情况灵活增加、修改或删除质量检查的拓扑规则,满足交通行业空间地理数据的质量要求。

### 4.4.3.2 交通设施数据检查模型

在数据质检方面,涵盖了对公路和铁路路线跨省的衔接、路线桩号的连续性、桥梁位置变更等关键方面的质检。旨在确保数据的完整性和准确性,以满足交通规划和管理的需要。通过对数据指标、挂接属性关键字等进行全面检查,本项目可以有效发现数据中可能存在的问题,并及时进行修正和处理,从而保证数据质量的可靠性和稳定性。

此外,在整个数据处理流程中,采用了流程图的方式对数据导入、检查、错误识别、错误处理和归档等环节进行精细化管理,有助于确保质检工作的连贯性和系统性,使得数据质检过程更加高效和可靠。通过严格的流程控制,本项目能够及时发现和解决数据质量问题,从而为数据的后续应用和分析提供可靠的基础。

### 4.4.4 实现多源数据融合入库的自动化流程

#### 4.4.4.1 构建自动化处理模型

通过集成脚本技术,构建高效的多源数据融合入库的自动化处理模型。该模型简化了数据处理的流程,提升了交通设施时空数据的整合入库速度和准确性。该自动化处理模型实现了多项关键功能,包括快速整合入库、智能化符号管理、灵活的地图配置、智能化渲染以及快速数据发布等。

该自动化处理模型提升了多源数据处理的智能化和灵活性。用户可以根据实际需求自定义输出数据处理过程中的日志文件,从而更好地监控和管理数据处理的进程。在处理过程中,如发现无法处理的异常数据,自动化流程会智能跳过相关的步骤,避免出现错误。这不仅提高了处理效率,也降低了对人工干预的需求,从而更好地保障了数据处理的稳定性和可靠性。

通过引入自动化处理模型,成功解决了大量交通设施时空数据入库过程中的瓶颈问题,实现了数据处理流程的高效化和智能化,有助于提高数据处理的速度,为后续的数据应用和分析提供可靠的数据基础。

#### 4.4.4.2 构建自动化抽检模型

上述自动化处理模型成功解决了大量交通设施时空数据的入库难题。为了进一步提高数据质量和可信度,在综合交通"一张图"的数据管理模块内构建了交通设施时空数据自动抽查模型。该模型能够根据预先设定的抽检比例,对各类交通设施时空数据进行自动化抽检,从而发现并解决数据入库过程中难以察觉的几何、拓扑、关联关系等新问题。

该自动抽查模型在一定程度上减轻了人工抽查的负担,能够及时发现数据质量问题并提供解决方案,保证了交通设施时空数据的准确性、完整性和可用性。例如,当发现某些数据存在几何错误或者拓扑关系异常时,自动抽查模型可以立即发出警报并启动相应的修复流程,确保数据的质量达到标准要求。

　　该自动抽查模型,能够协助数据处理人员及时发现数据问题,在一定程度上避免人为因素导致的数据质量下降,保障了交通设施时空数据的准确性和可信度,在大规模数据处理和应用的场景下尤为重要。

## 4.5　交通设施数据资产与 GIS 深度融合的业务应用场景技术

### 4.5.1　面向业务场景的综合交通设施数据集成与 Web 地图构建

　　本项目通过灵活的数据集成,实现了多种数据资源的融合,为交通行业提供了强大的数据支持。该数据融合能力不仅局限于特定类型的数据,而是涵盖了各种数据来源,包括实时传感器数据、遥感数据、地理信息系统数据等。这些数据可以根据需要进行叠加、关联和分析,从而为交通行业的各种业务场景提供全面的信息支持。

　　通过上述数据融合方式,本项目能够为交通行业的复杂地理信息处理需求提供有效的解决方案。对于交通规划、运输管理、交通安全等方面的工作,本项目都能够提供全面的数据支持,为相关部门提供决策和运营上的指导。

#### 4.5.1.1　数据的动态可配置与模块化集成

　　通过对交通设施时空数据的组织管理,综合交通"一张图"为综合交通基础设施数据的应用提供了强大支持,使得各种类型的交通数据能够灵活地组装和集成,以满足不同的业务需求。

　　通过上述灵活的数据组织管理方式,综合交通"一张图"能够为特定的业务场景定制地图和数据集。例如,在交通规划和设计方面,可以对道路网络数据、人口分布数据和交通需求数据进行整合,从而评估交通设施的合理性和有效性。在交通运输管理方面,可以将实时的车辆定位数据与道路状况数据集成,实现对车辆运输情况的实时监控和管理。而在交通安全领域,可以将交通事故数据、交通事件数据与交通信号数据整合,以识别潜在的交通安全隐患并采取相应的预防措施。

通过构建特定的 Web 地图和数据集,综合交通"一张图"为用户提供了更为全面、丰富的数据视图,使人们能够更好地了解交通基础设施的情况和运行状况。这种数据的集成和可视化呈现,有助于业务决策者更准确地评估当前情况,并制定更有效的管理和规划策略。

### 4.5.1.2　多元化业务数据定制化

综合交通"一张图"的灵活性不仅体现在数据的组织管理上,还体现在数据加工和处理的过程中。本项目可对数据进行筛选和统计,建立复杂的空间分析模型,可根据具体的业务场景和需求进行灵活处理。

在数据筛选和统计方面,综合交通"一张图"提供了丰富的功能和工具,使用户能够快速准确地对数据进行过滤和汇总。用户可以根据自己的需求,选择特定的数据集、字段和条件,进行灵活的数据查询和筛选。同时,本项目还支持各种统计分析方法,如频数统计、空间统计、时序分析等,帮助用户深入理解数据的特征和规律。

在空间分析和模型建立方面,综合交通"一张图"提供了强大的空间分析功能和建模工具,满足用户对空间关系和模式的深度挖掘需求。用户可以利用本项目提供的空间分析算法,进行空间插值、空间关联、空间聚类等操作,从而发现数据之间隐藏的空间关联性和规律性。同时,本项目还支持用户根据具体业务场景建立空间模型,如地理加权回归模型、地理自回归模型等,帮助用户预测和模拟空间现象的变化趋势和影响因素。

综合交通"一张图"通过提供灵活的数据加工和处理功能,使用户能够根据自己的业务需求,对数据进行精细化加工,从而更好地满足不同业务对数据加工的灵活需求。

### 4.5.1.3　利用低代码自动化实现业务管理

综合交通"一张图"的集成低代码工具为业务交付模块的快速实现提供了有力支持。通过将低代码工具与 Web 地图构建功能相结合,综合交通"一张图"可以轻松地集成不同来源的数据,并实现交互操作,从而实现对业务的灵活管理。用户只需要进行简单的拖拽开发和部署流程,即可快速搭建和部署业务应用,极大地提高了业务交付的效率和速度。

通过上述模式,综合交通"一张图"已经成功快速迭代了多个行业内关注的热点专题应用,包括普通省道和农村公路的"以奖代补"考核数据支撑系统、"国家综合立体交通网展示""雄安新区规划""公路现状"等33个专题应用。通过低代码工具的应用,这些应用得以快速实现,大大缩短了开发周期,提高了应用的交付速度和效率。

## 4.5.2 实现交通设施智能化增量更新

交通设施智能化增量更新系统采用集中式数据存储管理方式,构建"手机端+桌面端+平台端"的"1+1+1"的平台运行框架,围绕综合交通基础设施数据管理,结合基础设施数据的外业采集、内业处理、数据流转、报送审核、集中管理等日常业务,实现数据外业和内业的采集及处理、数据查询、统计汇总以及对比分析等功能,最终实现用户统一、数据统一、审核统一、汇总统一的"四统一"建设目标,以满足公路基础数据库的各项指标实时同步、全过程留痕和高效集中管理的信息化需求。基础设施智能更新流程图如图4-3所示。

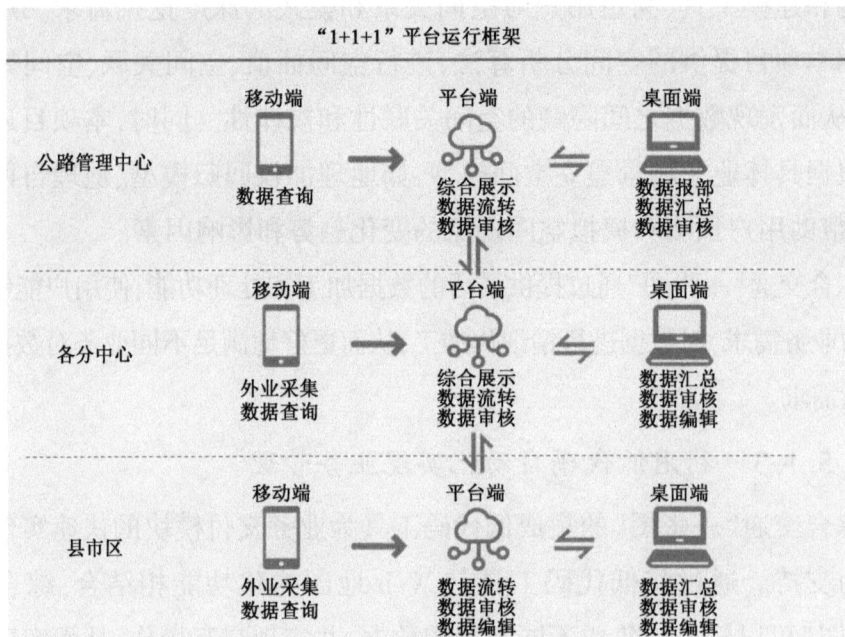

图4-3 基础设施智能更新流程图

### 4.5.2.1 数据采集

移动采集端主要实现交通设施的外业数据采集、辖区内属性和地图数据查询等功能,在满足外业数据采集需求的同时,辅助管理人员快捷查询采集数据和年报数据。主要实现更新频率内新增、变更或拆除(移交)综合交通设施信息的采集。

移动采集端主要包括首页、数据采集、数据查询、地图浏览、系统设置等模块。采集数据功能包括采集点数据、采集线数据、采集照片和视频数据。数据查询功能主要包括查询采集数据和查询年报数据,可以根据路线、点状要素的名称及编码进行模糊查询。地图浏览功能主要包括地图定位、地图缩放、图层管理、地图测量、绘制轨迹等。

### 4.5.2.2 数据处理

交通设施更新系统实现交通设施电子地图数据和属性数据的内业处理,主要涉及数据编辑、数据审核、数据同步、数据管理等一系列功能,为各级交通运输主管部门完成交通设施数据更新工作提供技术支撑。数据编辑主要实现对公路地图数据和属性数据的编辑,主要包括交通设施的地图和属性操作,实现了对属性和几何位置的修改。数据审核包括属性数据审核和地图数据审核功能。

通过数据处理端对交通设施时空数据进行修正、编辑后,能够实时同步至增量更新平台,在增量更新平台和其他非当前设备修改数据后,数据处理端软件会借助数据版本的控制功能实现数据同步。

### 4.5.2.3 数据更新

增量更新平台通过系统首页、电子地图、数据管理、数据审核、统计分析、应用管理等模块,实现用户体系管理、动态在线更新、数据上报退回、数据变量跟踪分析、数据审定入库、综合分析展示等功能,具体如下:

通过建立用户体系结构,实现客户端和平台的用户统一、单点登录,实现用户信息和数据共享的无缝衔接。在系统首页,实现对公路基础数据全量、变量数据汇总情况及变量数据的项目支撑情况、完工项目的数据更新情况等的综合展示。在电子地图模块,实现数据编辑和数据同步,实现对变量数据的流转,并能够将最终确定的数据审定入库。在数据审核模块,可以对数据进行属性和地图审核,对于审核有错误的数据可以进行修改,若存在一些由于实际情况无法修改的合理错误,可以进行特殊认定。在统计分析模块,实现数据汇总、数据变更管理,以及对数据变更情况的动态跟踪和分析展示。

通过数据的采集、处理、更新等流程,实现综合交通设施时空数据的智能化增量更新工作,同时通过部省数据交换共享平台到本项目内开展数据质检、自动化入库、智能发布服务等数据更新工作,形成完整的业务闭环。

### 4.5.3 基于 GIS、卫星定位和移动互联的公路数据采集技术

#### 4.5.3.1 技术背景

公路基础设施的特点在于其多变性,这使得定期进行数据采集成为必要的步骤。在"十一五"期间,各省(区、市)的公路数据外业采集通常采用传统的"PC + 卫星定位 + GIS"的技术手段。基层工作人员需要携带笨重的PC 设备,并利用卫星定位设备前往农村公路现场进行数据采集。数据采集完成后,需要通过数据线连接采集设备传输至计算机,在 GIS 中进行数据编辑处理。这种方式存在工作不便、效率较低的问题,限制了数据采集的精确性和及时性。

然而,近年来移动互联技术的快速发展为交通基础设施数据采集提供了新的技术手段。本项目采用了基于移动互联技术的公路基础设施数据外业采集 App,彻底解决了传统外业数据采集方式的不便和效率较低问题。这一 App 的应用不仅简化了数据采集的流程,还提高了工作人员的工作效率和舒适度。

此外,本项目还研发了卫星定位采集轨迹纠正算法,针对卫星定位采集的线性轨迹进行了精准的纠正,进一步提高了数据采集的准确性和可靠性。同时,还开发了 GIS 系统路线轨迹比对与筛选算法,在数据年度更新时进行路线比对与筛选,以确保数据入库的准确性和完整性。这些创新性的技术手段不仅提高了数据采集的效率和精确度,也为公路基础设施数据管理工作带来了新的活力和成效。

### 4.5.3.2 移动互联技术应用

项目应用移动互联技术研发了公路基础数据外业采集移动端采集系统。基础设施采集移动 App 的主要功能是使用 Pad 或智能手机的卫星定位模块获取当前位置信息,实现对当前基础设施空间位置的采集和基础信息的现场调查录入功能,并利用 Pad 或智能手机的摄像功能,采集现场的图片、视频。应用移动互联技术,将采集的线形轨迹、图像视频、现场基础信息及时传输到服务器端,实现移动设备与服务器之间的快速数据交互。采集流程如图 4-4 所示。

为进一步方便外业采集,系统提供了以下功能。

(1)位置信息与图片和视频信息联合存储。

在使用 Pad 或智能手机对交通基础设施数据拍照或采集视频时,记录照片或视频数据的位置,把位置信息与图片和视频信息联合存储,满足以桩号方式索引现场实际图片或视频位置的需求。

(2)离线数据下载或本机存储。

考虑到外业采集过程中可能存在无移动网络的情况,无法通过移动互联方式获取或反馈信息,移动 App 提供提前下载离线数据或本机存储后期上传的功能来解决此类问题。外业采集现场如图 4-5 所示。

### 4.5.3.3 基于时间序列的卫星定位采集轨迹纠正算法

根据行业需求,一般基础设施空间位置信息采集分为点状要素采集和线状要素采集,且线状要素采集居多,因此项目主要研究了基于卫星定位采集的线性轨迹纠正算法。借助此算法对获取经纬度位置数据形成的线状轨迹进行纠偏,解决卫星定位信号瞬间偏移和采集行进速度不均导致采集点位信息不均的问题。其主要思路是:每秒获取经纬度位置数据后输入模型,当模型内时间差在 10s 内的经纬度位置数据为 10 个时,模型根据时间顺序对本组内所有的经纬度数据进行运算。主要进行三种操作:一是平滑轨迹,连续 3 个轨迹点之间距离小于 1m 时抛弃中间点,连续 3 个点之间距离大于 10m 时增加轨迹点;二是圆滑轨迹,连续 3 个轨迹点夹角小于 90°时,调整中间轨迹点位置,使夹角在 120°以上;三是对整体轨迹点进行平滑和圆滑处理。

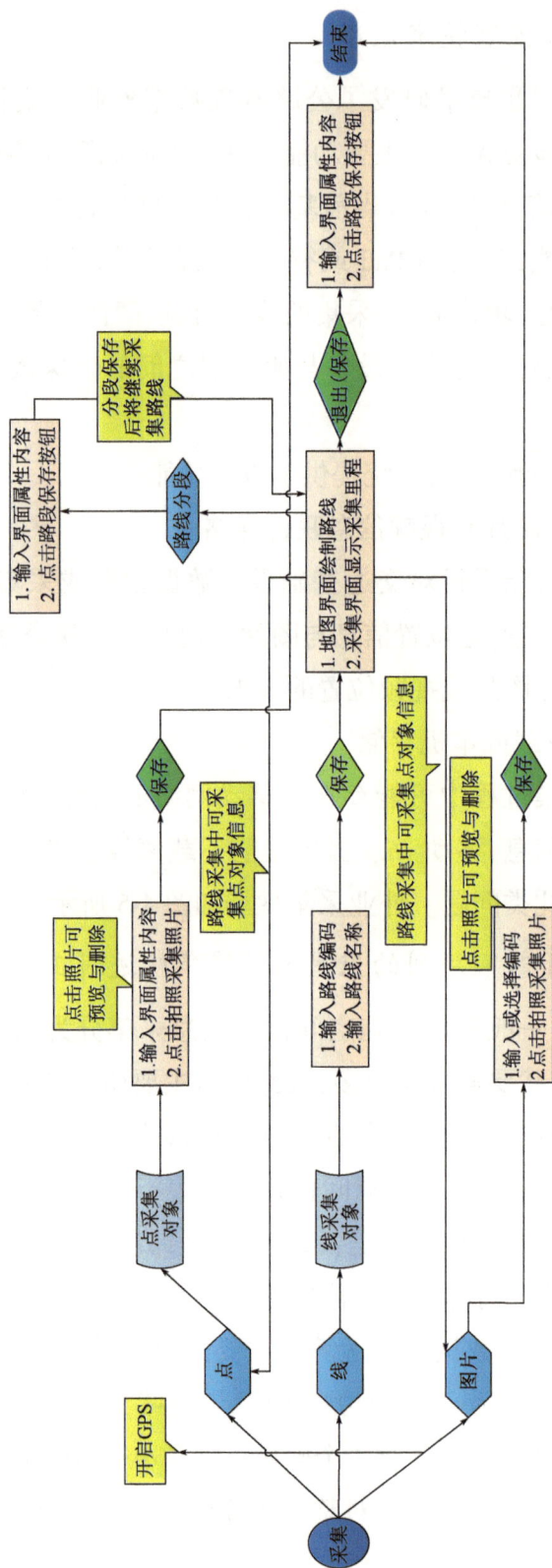

图4-4　公路基础数据外业采集App采集流程

图 4-5 基础数据外业采集现场

1)算法设计

步骤 1:按时间顺序获取公路路线 $L_i$ 内各采集点 $P_i$ 的经纬度和时间值 $(L_{\mathrm{longi}}, L_{\mathrm{lati}}$ 和 $T_i)$。

步骤 2:计算连续三个轨迹点($P_i$、$P_{i+1}$、$P_{i+2}$)的距离 $P_1$、$P_2$ 和夹角 $D_1$。

步骤 3:判定 $P_1$ 值是否大于 10m 或小于 1m;如大于 10m 则在 $P_i$、$P_{i+1}$ 间插入一个点 $P_{ii}$;如 $P_1$ 值小于 1m 则删除 $P_{i+1}$ 轨迹点。

步骤 4:判定 $P_2$ 值是否大于 10m 或小于 1m;如大于 10m 则在 $P_{i+1}$、$P_{i+2}$ 间插入一个点 $P_{ii+1}$;如 $P_1$ 值小于 1m 则删除 $P_{i+2}$ 轨迹点。

步骤 5:判定 $D_1$ 值是否小于 90°,如果小于 90°,则修改 $P_{i+1}$ 的经度 $L_{\mathrm{longi}}$ 或纬度值 $L_{\mathrm{lati}}$ 以满足夹角大于 120°。

步骤 6:循环完 10 个轨迹点数据后再对集合内的轨迹点根据上述步骤 2~步骤 5 重新计算轨迹点。

2)算法实现及效果

根据算法设计,算法流程如图 4-6 所示,使用程序通过以下步骤来实现对卫星定位采集轨迹点的纠正。

第一步:按时间排序获得采集线形的卫星定位轨迹点,每个轨迹包含经度、纬度和时间。

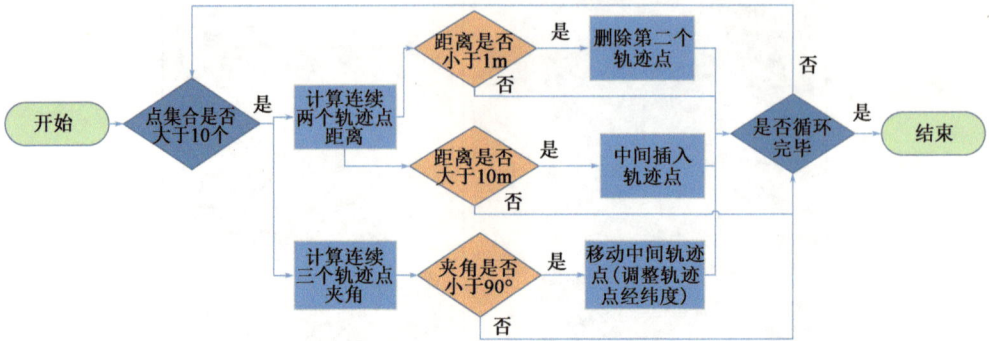

图 4-6　纠正卫星定位采集轨迹流程图

第二步:判断当前位置点数量是否大于或者等于 10 个,如果小于 10 个轨迹点,则继续等待;如果大于或者等于 10 个,则根据时间序列顺序判定两个轨迹点的距离是否大于 10m,如果大于 10m 则在两个轨迹点中间增加一个轨迹点,如果距离小于 1m 则删除第二个轨迹点。

第三步:判断连续三个轨迹点间夹角是否小于 90°,如果小于 90°则调整中间轨迹点的经纬度值,满足夹角大于 120°。

第四步:循环以上第二、第三步后逐个输出轨迹点,并同时接收新的轨迹点数据。

通过卫星定位采集轨迹纠正,提高了公路基础设施数据采集质量,同时丰富了地理空间数据的轨迹点,图 4-7 为轨迹纠正效果示意图。

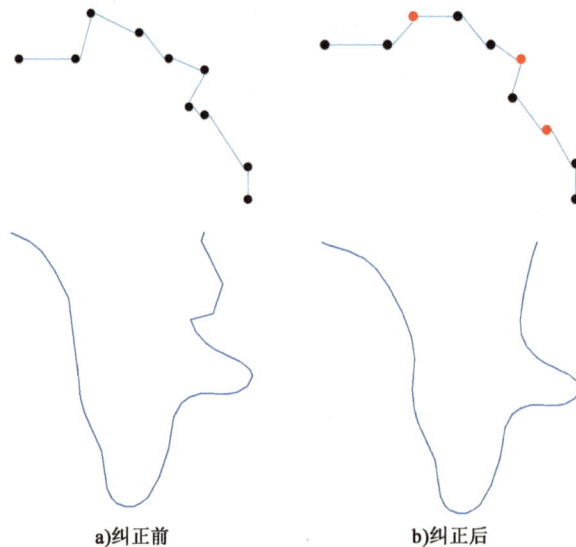

a)纠正前　　　　　　　　b)纠正后

图 4-7　卫星定位采集轨迹纠正效果图

### 4.5.3.4 基于链码的 GIS 线形比对与筛选算法

在全国农村公路基础数据与电子地图更新工作中,为确保入库数据"不重不漏"和线形准确,需要对新入库数据与往年数据库进行线形比对与筛选。传统比对技术采用"全重叠"比对方法,对原有路线线形进行加缓冲区操作,再将卫星定位采集轨迹叠加至其上图层,若轨迹落于缓冲区内,即判断采集的轨迹线形无误。该方法无法排除卫星定位手持设备产生的定位误差,存在路网数据库因加密措施产生坐标平移导致轨迹趋势一致但空间位置有较大差异等问题,也无法处理路线交叉的问题。为解决以上问题,本项目创新性地提出了一种基于链码计算线性特征的线形比对与筛选算法。

1)链码方法简介

链码法是一种用来记录和描述地物单元边界的方法。链码是一组由方向标志码组成的有序系列,由中心点向其 8 个相邻点方向定义(图 4-8)。采用链码方法记录地物边界线,在地物单元跟踪时方便实用,既可用来表示一条边界线相邻像素点之间的位置,又可在边界跟踪过程中控制各相邻像素点的检测顺序。

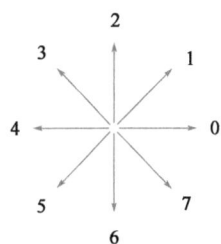

图 4-8　8 向链码示意图

人们通常是在 $x$ 方向和 $y$ 方向以等间距的网格格式获取和处理数字图像,因此顺时针方向跟踪边界并为连接每对像素的线段分配一个方向可以生成链码。重取样网格的间距由使用该链码的应用决定。如果用于得到连通数字曲线的取样网格是一个均匀的四边形,则所有点都是可达的,因为链码是通过逐点遍历曲线生成的。链码数字边界生成示意图如图 4-9所示。

链码的数值取决于起点,可以使用一个简单过程将链码相对于起点归一化:将链码视为方向数的一个循环序列,并重新定义起点,使得到的数字序列形成一个幅值最小的整数。也可以使用链码的一阶差分代替链码本身来归一化旋转。差分通过计算方向变化的次数得到,其中方向变化分隔了两个相邻的链码元素。如果将链码视为一个循环序列,并相对于起点归一化,那么一阶差分的第一个元素可用链码的最后一个分量和第一个分量之间的过渡计算得到。改变重取样网格的间距,可实现尺寸的归一化。

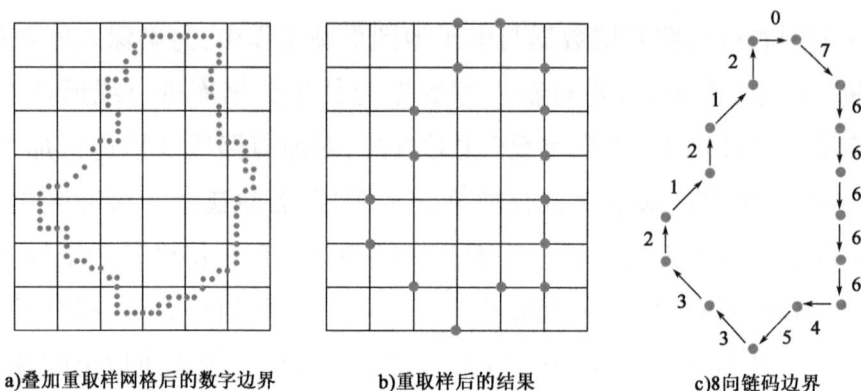

a)叠加重取样网格后的数字边界    b)重取样后的结果    c)8向链码边界

图 4-9　链码数字边界生成示意图

2）线形比对与筛选算法设计

（1）定义。

定义 1：对于系统坐标系，定义原点为屏幕左上角，$x$ 轴由左向右，$y$ 轴由上向下，设农村公路基础数据更新数据库（DLG）路网对应线形起点为 $A$，终点为 $B$；设地方上报线形起点为 $A'$，终点为 $B'$。

定义 2：定义地方上报卫星定位采集线形为 $M$（Measure），长度为 $D_M$，农村公路基础数据更新数据库路网对应真实线形为 $T$（True），长度为 $D_T$，则有，地方上报线形走向为 $M'_A \to M'_B$，农村公路基础数据更新数据库对应真实线形走向为 $T_A \to T_B$。

定义 3：通过链码方法获取的线形走向称为线形特征 $F$（Feature），则有，地方上报卫星定位采集线形特征为 $F_M$，农村公路基础数据更新数据库路网对应真实线形特征为 $F_T$。

（2）算法步骤。

①算法概述及数据预处理。

A. 算法共分为两个步骤（图 4-10）：

步骤 1：确定上报线形在农村公路基础数据更新数据库路网中的起点。

步骤 2：由上报线形起点与农村公路基础数据更新路网起点同时开始比对，并得出匹配结果。

B. 数据预处理。

在 GIS 软件中将卫星定位上报线形与对应位置农村公路基础数据更新路网数据记载至同一文件,并以相同比例显示。

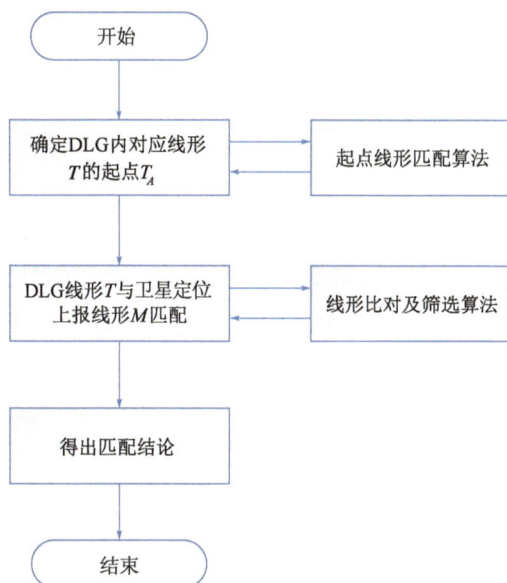

图 4-10  匹配算法流程图

设置两类矢量数据线形宽度为 1 像素,上报线形标记为红色,农村公路基础数据更新路网线形标记为绿色;在农村公路基础数据更新路网图层标记出上报线形起点,两图层底色均设为纯黑色或纯白色。

保持显示原状,将上报线形图层与农村公路基础数据更新路网图层分别输出为 16bit 的 tif 格式无损位图。

C. 数据处理技术。

使用 Python 语言的 numpy 工具包,将 tif 图像转换为张量,以供后续计算使用。

②寻找农村公路基础数据更新线形起点 $T_A$:线形起点匹配算法。

A. 数据结构说明。

农村公路基础数据更新数据存储的是覆盖范围内的路网,并非依据建设项目对应存储的道路线形(图 4-11)。因此,首先需要在农村公路基础数据更新路网数据中提取出项目线形起点。

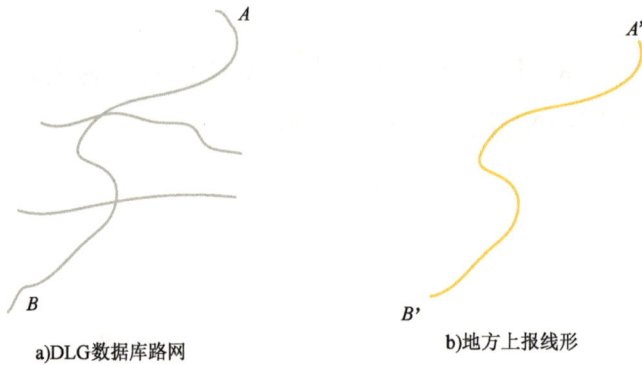

a)DLG数据库路网

b)地方上报线形

图4-11　农村公路基础数据更新数据库路网与上报线形对比示意图

通常地方上报线形($M$)与真实位置($T$)存在一定的空间偏移量。设搜索阈值$r$,以$A'$为圆心、以$r$为半径做圆$C$,$T$在$C$内所有$n$个像素点均作为$T_A$候选点,设为集合$P_A=\{p_1,p_2,\cdots,p_n\}$,如图4-12内红色线段所示。

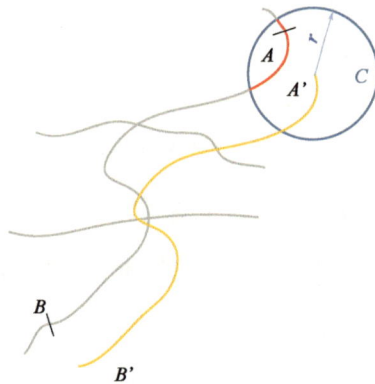

图4-12　起点匹配示意图

B.线形起点匹配算法。

设搜索步长$L$(以像素为单位前向搜索),遍历农村公路基础数据更新路网中集合$P_A$所有点,使用链码法求得点$P$处$L$长度的线形特征$F_P^L$;

求得$M$起点$A'$的特征$F_{A'}^L$;

若$F_{P_i}^L=F_{A'}^L$,$i\in(1,2,\cdots,n)$,即$p_i$点处$L$步长的线形特征与$M$起点处相同,即认为点$p_i$为农村公路基础数据更新路网数据中,对应$M$的$T$线形起点$T_A$。

在计算能力允许的情况下,可适当加大$L$的值,$L\in(0,D_M)$。

③线形比对及筛选。

以 $M_A$ 为起点,设 $M$ 的长度为 $m$ 个像素,使用链码法计算 $F_M$,记单步特征为 $F_M^k$,$k=1,2,\cdots,m$。

以 $T_A$ 为起点,设 $T$ 的长度为 $t$ 个像素,使用链码法计算 $F_T$,记单步特征为 $F_T^j$,$j=1,2,\cdots,t$。

设置阈值 $Q_{\text{len}}$、$Q_{\text{sum}}$,若:

A. $m=t$,即 $M$ 与 $T$ 长度相同,则:

$$j=k \text{ 时},令\text{sum}=\sum_{j=k=1}^{m}q,其中\begin{cases} q=1,F_T^j=F_M^k \\ q=0,F_T^j\neq F_M^k \end{cases}$$

$$\text{sum}\geq Q_{\text{sum}}:M \text{ 与 } T \text{ 相匹配}$$

$$\text{sum}\leq Q_{\text{sum}}:M \text{ 与 } T \text{ 不匹配}$$

B. $m\neq t$,即 $M$ 与 $T$ 长度不同,则:

$$|m-t|\leq Q_{\text{len}}:进入 A$$

$$|m-t|\geq Q_{\text{len}}:M \text{ 与 } T \text{ 不匹配}$$

### 4.5.4 基于神经网络的遥感影像校核农村公路数据技术

#### 4.5.4.1 技术背景

近年来,随着卫星影像技术的日益成熟和民用化发展,交通运输行业管理迎来了一系列全新的技术手段和管理模式。卫星影像技术的应用不仅为管理人员提供了便捷的远程监测和评估方法,也为项目规划、投资计划审核、现状进度核查以及线形线位确定等方面的工作提供了重要支持。

利用卫星影像技术,管理人员可以在不必现场实地踏勘的情况下,获取项目的直观信息,包括地形地貌、植被覆盖、道路状况等。这种非现场获取信息的方式,不仅节省了大量的人力和时间成本,还提高了信息获取的效率和精确度。特别是在项目规划审核和投资计划复核方面,卫星影像技术的应用可以帮助管理人员更准确地评估项目的可行性和风险,从而为决策提供科学依据。

项目组深入研究了遥感影像在农村公路基础数据校核技术方面的应用。通过分析遥感影像数据,可以有效核实农村公路的位置、线形和线位等关键信息,从而提升农村公路数据的质量和精度。这项技术的应用,不仅有助于解决农村公路管理中存在的定位不准、数据不精确等问题,还为实现农村公路的精准化管理提供了重要支持。

### 4.5.4.2　技术路径

卫星影像数据高效应用的前提是能够对卫星影像数据进行自动化处理,提取路径、路面宽度、路面类型等路网关键要素。本项目对基于深度神经网络的路网要素提取方法开展研究,主要技术路径如下:

第一步:构建深度神经网络算法架构,搭建用于自动识别的 AI 神经网络体系框架,为后续的训练和应用提供了技术支撑。

第二步:训练样本,分类对遥感影像上公路数据的图片进行提取训练,有效处理大量遥感影像数据,形成适用于深度神经网络的参数,为神经网络提供足够的学习样本。

第三步:使用神经网络算法自动提取遥感影像上的公路数据,形成空间地理数据、路面类型数据和路面宽度数据,通过神经网络的自动化处理,可以快速而准确地提取出路网的关键要素。

第四步:以遥感影像识别出的公路地图数据为基础,对行业内的公路基础设施地理数据进行空间拓扑检查,并比对影像上识别的路面类型和路面宽度等基础属性指标,对提取结果进行验证和确认,确保提取的数据与实际情况相符。

项目对"基于深度神经网络的遥感影像路网提取算法""基于深度神经网络的遥感影像路面宽度识别算法""基于深度神经网络的遥感影像路面类型识别算法"三个关键技术点进行了研究,破解了以上技术路径中的关键难题,为卫星影像数据的高效利用提供了重要支持,为交通基础设施管理和规划提供了可靠的数据基础。

### 4.5.4.3　主要算法与模型

1)基于深度神经网络的遥感影像路网提取算法与模型

(1)国内外研究现状。

近年来,深度学习技术逐渐进入各个前沿研究领域,在图像分割领域发展迅速,与路网提取目标任务较为符合。在深度学习方法中,目前应用广泛的算法是以深度神经网络(Deep Neural Network,DNN)为基础的算法,主要有三种:基于卷积神经网络(Convolutional Neural Networks,CNN)模型提取路网,CNN 是一种以卷积运算为主的多层运算结构,经过参数训练后能够自动提取路网;基于全卷积神经网络(Fully Convolutional Networks,FCN)模型提取路网,这种算法通过自身特殊结构对图像进行像素级的分类,经过参数训练后能够端到端自动提取道路;基于改进型 FCN 模型提取路网,这种算法通过在 FCN 模型的基础上改变层级结构或模型参数等来提高路网提取精度。

基于改进型 FCN 模型的路网提取算法是近年来的研究趋势之一,但其对网络本身的改进是基于细节方向上的改进,对于图像分割问题的处理存在优势,也存在一些问题。主要体现在:细节特征仍然缺乏,导致路网提取不完整,并会在道路边缘产生毛刺;冗余信息剔除不完全,道路周围会存在无效的斑点;像素周围环境考虑不充分,对于有遮挡的道路部分无法提取或提取不完整。

本项目以改进型 FCN 模型为基础,进行进一步的结构化改进,解决以上路网提取中的细节问题。

(2)用于路网提取的级联深度神经网络架构设计。

本项目研究设计了特征强化的级联 DNN 网络,前级网络用于路面的识别提取,后级网络用于滤波后处理。经过滤波处理后的识别结果能够有效滤除小斑块,并在一定程度上对短中断路段进行衔接,提高路网识别精度。

在模型级联过程中需要考虑两级模型的衔接,由于 RGB 三通道路网图像经过第一个 DNN 模型处理后通过阈值滤波,得到二值化道路预测图,故输入第二个 DNN 模型时,输入图像为二值化单通道图像,输入时修改对应通道参数值,输入标签保持不变。

根据 DNN 模型级联方式及路网提取流程设计了级联模型算法流程(图4-13)。该算法流程共分为两部分:训练网络和测试网络。其中,训练网络主要完成对模型参数的自动化预训练,设置初始参数并输入图像后,全程由计算机进行参数更新;测试网络的作用是根据训练好的参数对待处理图像进行路网提取工作。

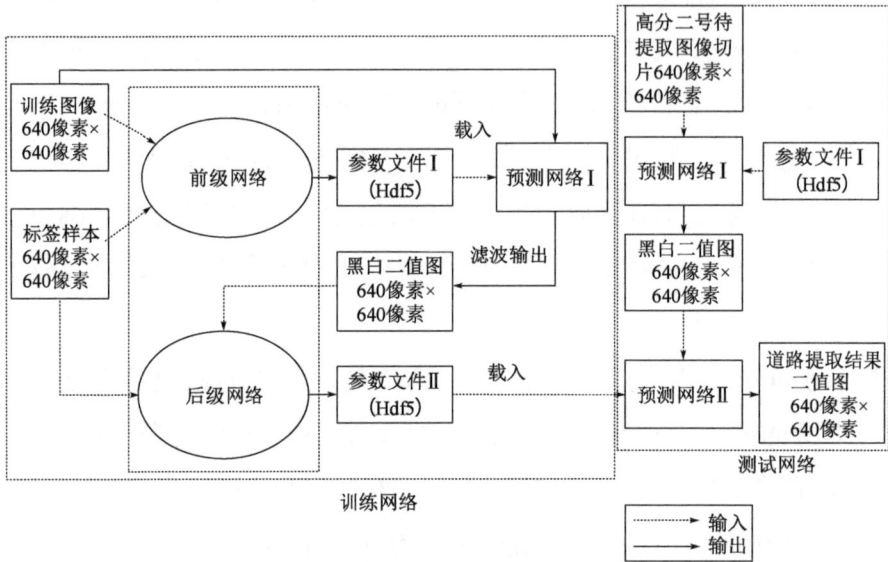

图 4-13　级联 DNN 模型算法流程图

训练网络中包括两级网络:前级网络和后级网络。前级网络和后级网络使用上述 DNN 模型,参数文件I、II分别保存前级网络和后级网络经过训练之后的网络参数,格式为 Hdf5。预测网络I、II分别是载入了参数文件I、II的前级网络和后级网络,直接通过函数调用实现网络模型的预测功能。

级联 DNN 模型算法流程为:

①训练阶段,在前级网络中输入训练图像和对应标签样本,尺寸均为 640 像素 ×640 像素,设置初始网络训练参数并开始训练,训练完成后得到参数文件 I;

②将参数文件 I 载入预测网络 I 中,输入训练图像,输出像素预测图后进行阈值滤波,以黑白二值图的形式输出道路特征图;

③将②中输出的特征图和对应标签样本同时输入后级网络中,设置后级网络初始训练参数并开始训练,得到模型参数文件 II;

④测试阶段,将测试图像输入载有参数文件 I 的预测网络 I,并对输出预测图进行阈值滤波,将滤波后的二值图像输入载有参数文件 II 的预测网络 II,输出时再次进行阈值滤波,得到道路预测图。

在训练阶段,需要依序对前级网络模型和后级网络模型进行训练,产生两个不同的参数文件;预测阶段将预测图像输入级联网络可以直接输出路网提取结果。

(3)级联 DNN 模型设计与实现。

①设计思路。

在级联模型框架下,选择不同的 DNN 模型组成训练网络中的前级网络和后级网络,能够形成不同的级联 DNN 模型。相同 DNN 模型级联的模式等价于在前级网络的基础上继续提取相同的道路特征,通过分析路网提取效果验证方案是否有效。

②模型设计。

根据级联模型的设计思想,通过输入/输出接口连接两个 DNN 模型,模型基本架构如图 4-14 所示。

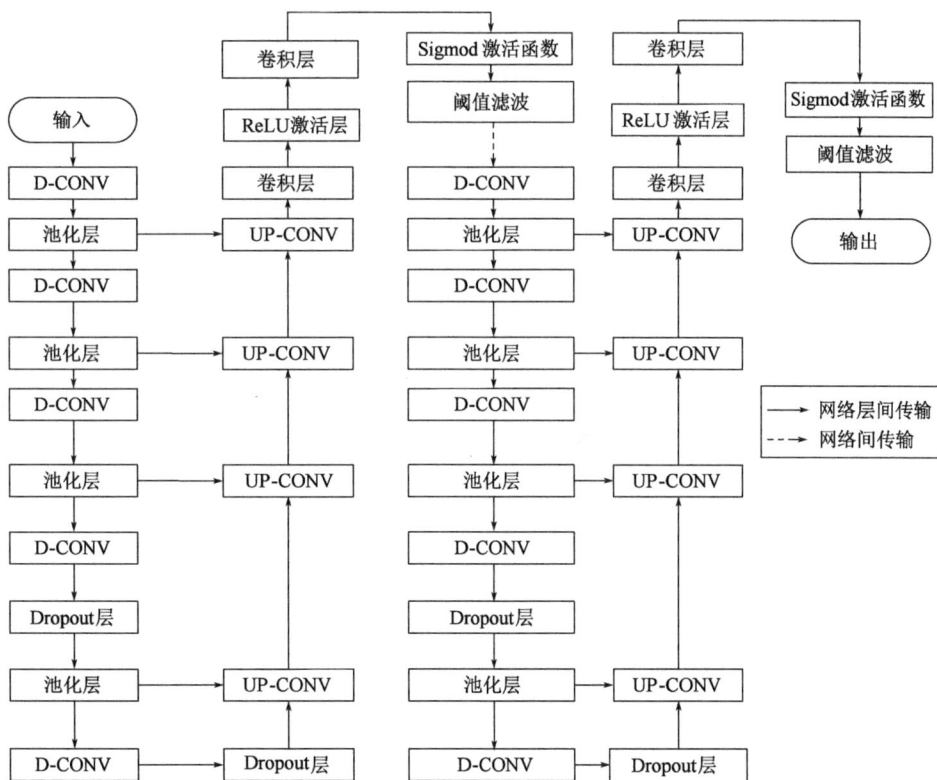

图 4-14　基于编解码结构的级联 DNN 模型基于架构图

网络层间传输是指前级网络和后级网络模型各自网络内部传输,传输的是特征图张量;网络间传输是指前级网络和后级网络间图像的传递,传输的是图像样本,网络参数不相关。整个网络共使用 8 次池化下采样操作,对应有 8 次上采样,使用 8 个跳跃连接操作相互连接,完成特征的融合。

网络层数整体增加了一倍,输出尺寸为 640 像素×640 像素的道路预测图。由于输入后级网络的道路预测图的信息主要是道路信息,比原始样本图像减少了大量的图像信息,故后级网络对图像的拟合要求更为简单。前级网络和后级网络使用同一种网络,因此通过改变后级网络的训练迭代期来减少对后级网络参数的训练任务,降低网络过拟合的影响,也能缩短参数训练时间,减少工作量。

③系统实现。

项目研发了相应的路网识别系统,其处理流程如图 4-15 所示。系统基于 GIS,通过 Python 语言实现窗体功能、影像前后期处理功能及路线比对功能;基于 TensorFlow,通过 Python 实现级联深度神经网络路网提取功能与图像前后期尺寸重适配、重命名功能,通过编译为可执行文件交由窗体模块外部调用;通过数据库实现深度学习样本库相关管理功能。

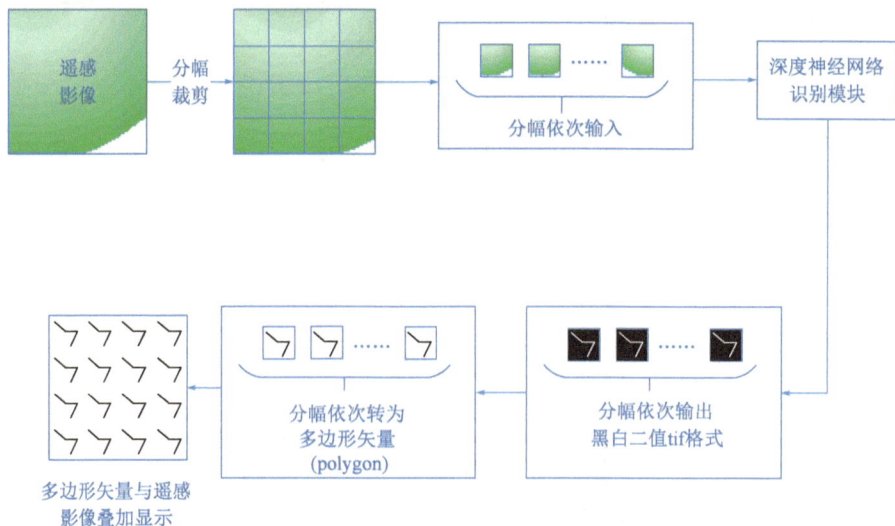

图 4-15 路网识别系统处理流程图

④算法精度。

模型性能评估的过程为:a. 评估函数调用相关级联 DNN 模型的后级网络,并载入训练好的后级网络模型参数文件;b. 输入测试样本和对应标签,前级网络按照预测函数预设参数进行特征提取,输出道路预图,自动将前级网络的道路预测图与对应标签输入后级网络中,进行特征提取并得到最终道路预测图,不输出;c. 系统自动将道路预测图与标签图进行对比,计算相关参数值并输出。

由表 4-1 可知,与级联 RES-DNN 相比,本算法的综合表现更佳。

**级联 DNN 模型评估指标对比** 表 4-1

| DNN 模型 | 代价损失值 | 准确率 | 交并比(IoU) |
|---|---|---|---|
| 级联 ED-DNN | 0.2125 | 0.9479 | 0.9744 |
| 级联 RES-DNN | 0.3893 | 0.9485 | 0.9741 |

利用全国公路电子地图数据对算法进行了验证,应用该算法,公路电子地图数据在遥感影像中被识别的比例达到了 91%,全国路网识别率 87%。

2)基于深度神经网络的遥感影像路面宽度提取算法

(1)国内外研究现状。

目前,国内外有关遥感影像道路宽度提取的研究成果相对较少,现有的道路宽度提取方法主要分为 5 类:细化方法道路宽度提取、利用边缘信息的宽度提取、基于 Hough 变换的道路宽度提取、基于多方向结构的道路宽度提取、基于模板匹配的道路宽度提取。

本项目基于利用边缘信息的宽度提取方法,针对农村公路路侧环境复杂的特点,利用特征矩阵技术提高了农村公路道路边缘提取的精度,改良了传统的边缘信息宽度识别算法,更适用于路面宽度较小、道路旁边存在房屋建筑或绿化植被等的农村公路路面宽度识别。

(2)基于特征矩阵的路面宽度提取算法架构设计。

算法包括以下步骤:

步骤 1:在 GIS 软件中将农村公路矢量数据和遥感影像叠加在同一个地

图展示控件内显示。

步骤2:设置农村公路矢量数据的宽度为1个像素。

步骤3:设置农村公路矢量数据的起止点对应遥感影像上的位置。

步骤4:根据缓冲值识别农村公路矢量数据对应遥感影像上的图片像素区域。

步骤5:遍历农村公路矢量数据内所有路线。

步骤6:根据图形连续性获取农村公路线形的起止点位置。

步骤7:对农村公路的点集合 $P_n$ 使用链码法搜索步长 $L$,求得农村公路点集合中的第 $P_i, i \in (1, 2, \cdots, n)$ 处点 $F_i^n$ 的影像上特征值。

步骤8:计算连续三个影像上的特征值 $F_{i-2}^n$、$F_{i-1}^n$、$F_i^n$ 的差异,如果特征值在误差容限值内,继续搜索下个节点,如果超出容限值记录 $P_i$,记录到 $K$ 集合内等待第二轮筛选。

步骤9:若 $K_i$ 集合为空,则农村公路路线起止点为 $P_n$ 集合内的第一个点和最后一个点;若 $K$ 集合内在步长为 $L$ 范围内有 3 个以上的值,则截除取步长 $L$ 的起点为此路线的止点,剩余的像素如果超出步长 $L$,则再循环计算路线与影像。

步骤10:从影像上起点开始计算影像上像素的特征值 $F_i^n, i \in (1, 2, \cdots, n)$,从起点开始计算在影像上垂直于路线连续两个像素点的特征值 $F_k^i, k \in (1, 2, \cdots, i)$。

步骤11:设置对特征值的最大域值 $M_{max}$ 和最小域值 $M_{min}$,如果 $F_k^i$ 与 $F_i^n$ 的差值在 $[M_{min}, M_{max}]$ 之间,则继续往垂直于路线方面计算像素点的特征

值,形成矩阵 $\begin{cases} F_0^k, \cdots, F_i^l, \cdots, F_n^j \\ \cdots\cdots\cdots\cdots\cdots \\ F_0^n, \cdots, F_i^n, \cdots, F_n^n \\ \cdots\cdots\cdots\cdots\cdots \\ F_0^s, \cdots, F_i^t, \cdots, F_n^q \end{cases}$,并记录像素点在集合 $P$ 内。

步骤12:对影像上每张图片像素集合 $P$ 进行二值转换,在集合 $P$ 内像素的 RGB 值设置为(255,255,255),其余像素 RGB 值设置为(0,0,0)。

步骤13:对影像图片上的 RGB 为(255,255,255)的像素使用 Image2Polygon（　）工具转换成面状的图斑。

步骤 14：将面状图斑的面积除以路线在图像上的有效长度，再取其 1/2 值，得到图斑区域内的路面宽度的有效值。

步骤 15：对所有面状图斑在 30m 范围内的连续图斑进行融合，从而获取路线的路面宽度。

（3）设计与实现。

步骤 1：获取农村公路影像上的位置。

步骤 2：计算农村公路路线在影像上的起止点。

步骤 3：计算农村公路的路面宽度。

其设计流程如图 4-16 所示。

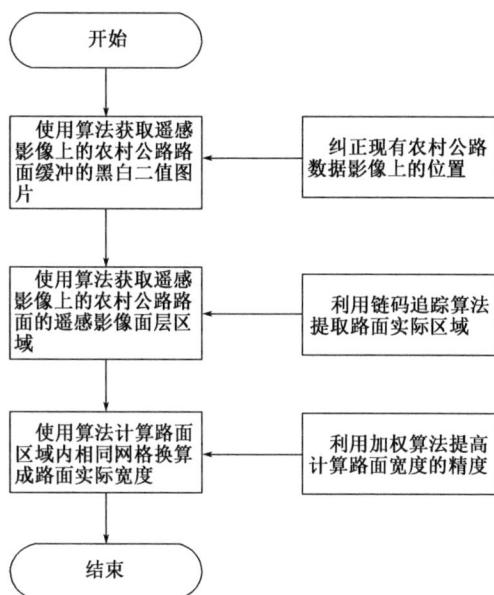

图 4-16　路面宽度提取设计思路图

通过图 4-17 所示的流程实现使用遥感影像提取路面宽度的功能，路面宽度提取实现结果如图 4-18 所示。

（4）算法精度。

利用 2023 年云南省 29 万 km 的农村公路基础数据进行精度测算，该算法对 6m 以上农村公路的路面宽度提取结果精度达到 83%；对 6m 以下农村公路的路面宽度提取结果精度为 72%。

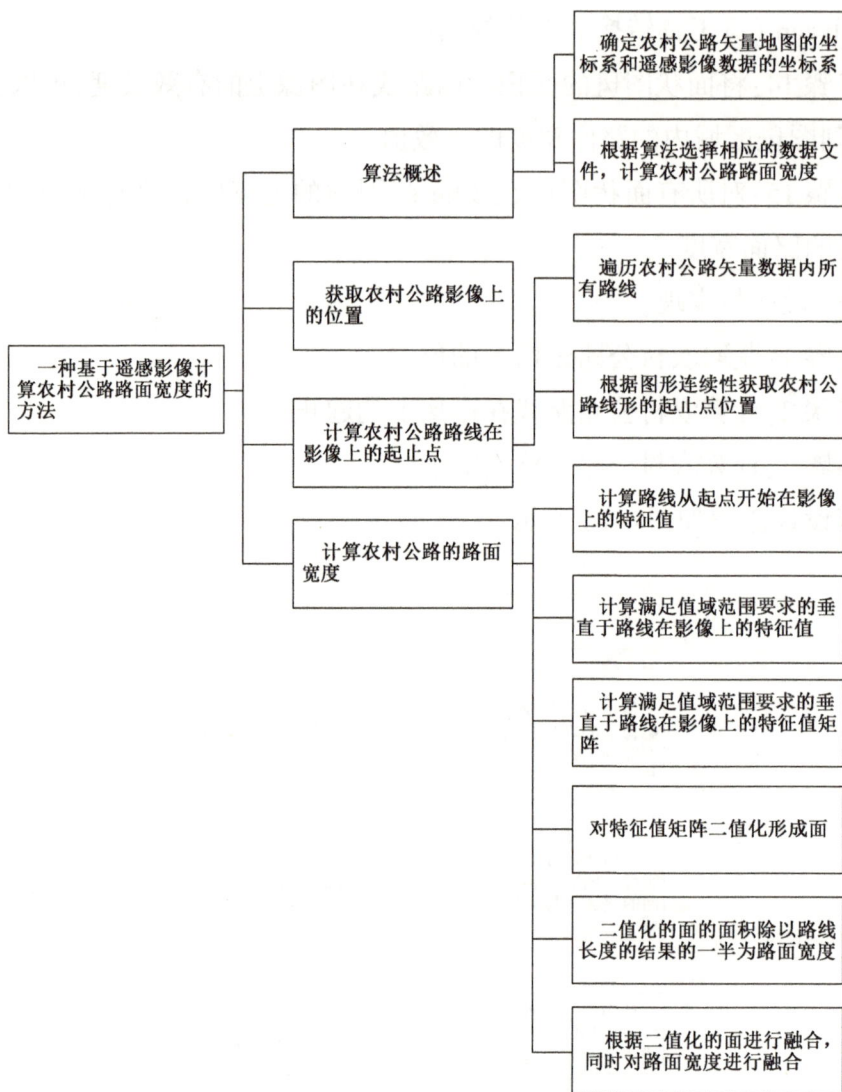

图 4-17　路面宽度提取实现流程图

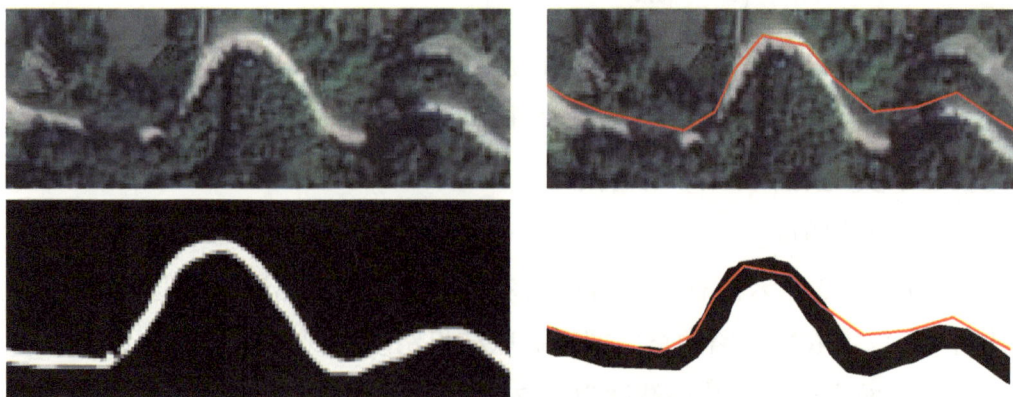

图 4-18　路面宽度提取实现结果图

3）基于深度神经网络的遥感影像路面类型识别算法

（1）国内外研究现状。

国外学者研究过利用机载可见光/红外成像光谱仪获取的遥感影像对路面类型进行识别，并根据路面养护指数对路面等级进行评价。有的国家基于高分辨率航拍图像提取郊区的道路路线、路面信息以更新道路数据库。

中国公路工程咨询集团有限公司研究了基于 GF-2 遥感影像的典型道路路面类型识别方法，其算法主要基于卫星遥感影像的光谱信息。本项目研究了一种基于卫星遥感影像图片信息的路面类型识别算法，可以满足无光谱信息遥感影像识别的需求，具有更强的适用性。算法主要应用了图像处理领域的二值化像素点四叉树搜索技术，快速检索区域范围内路面类型一致的像素点集合，实现对路面类型的判别。

（2）基于四叉树的路面类型识别算法架构设计。

算法包括以下步骤：

步骤1：采用四叉树加权方法构建农村公路缓冲面状要素在影像上的每个像素点与路面类型的对应关系。

步骤2：设输入图像像素点 $f_i$，经过四叉树加权方法识别并提取路网后的输出图像为 $f_o$，则有 $f_o = f_{N_1(f_i)}$，其中 $f_{N_1}$ 为四叉树加权方法构成的处理架构，另有 $N_o = F_{N_1}(f_i)$，其中 $N_o$ 为路面类型特征值。

步骤3：在识别每个区域内农村公路路面时，使用四叉树加权方法遍历。

步骤4：遍历循环读取每条农村公路的矢量缓冲面状区域 $L_i$。

步骤5：获取农村公路面状区域 $L_i$ 的最小外接矩形 $Q_i$。

步骤6：以该矩形 $Q_i$ 裁剪需要提取路网的遥感影像，保留矩形区域内影像，当 $Q_i$ 区域不在一幅遥感影像内时，需要寻找涉及的所有遥感影像 $I_i$。

步骤7：将影像 $I_i$ 拼接一起后，按 320 像素 × 320 像素的尺寸分成 $n$ 幅固定格式尺寸的影像，将此影像依次输入四叉树加权方法内进行循环遍历，获得 $n$ 个二维矩阵的输出图像 $f_o(n)$ 和路面类型 $N_o$ 特征值。

步骤8：将 $f_o(n)$ 按分幅顺序拼接，运用 GIS 的栅格像素转换成矢量算法，从而将影像上的路面转换为同一坐标系下影像的矢量多边形和多边形内所有像素点影像的路面类型加权特征值 $N_o$。

步骤9：计算路线 $L_i$ 内像素点的路面类型 $N_o$ 特征值的平均值。

步骤10：根据路线 $L_i$ 内路面类型 $N_o$ 特征值的平均值拟合农村公路路面类型。

计算法流程图如图4-19所示。

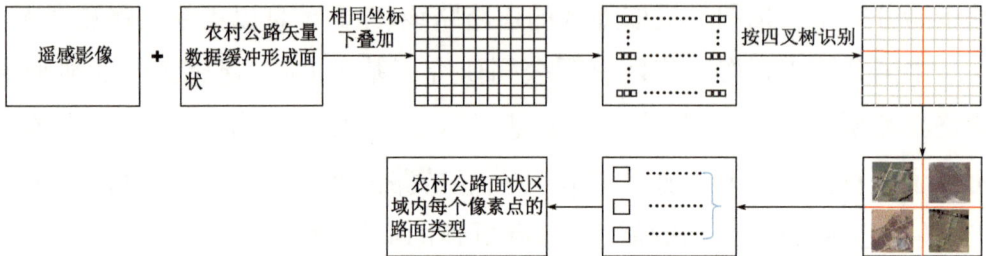

图4-19　路面类型提取算法流程图

（3）程序设计与实现。

本方法实现了从遥感影像数据中提取公路线路，并根据特征值计算出农村公路的路面类型，通过四叉树加权方法高效、精准地获取农村公路路面类型。路面类型识别软件流程如图4-20所示。

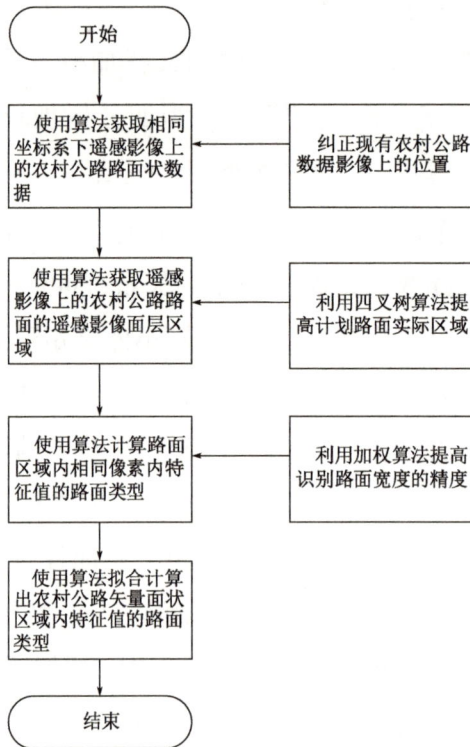

图4-20　路面类型识别实现流程图

（4）识别精度。

利用 2023 年云南省 29 万 km 的农村公路基础数据进行精度测算，沥青（水泥）路面类型识别精度达到 87.2%，其他路面类型识别精度为 80.6%。

# 5 综合交通"一张图"主要创新点

## 5.1 基于 Spark 分布式计算的交通设施栅格地图矢量化转换方法

分布式计算是近年提出的一种新的计算方式,在两个或多个软件间互相共享信息,把这些计算机的部分计算资源分配给其他许多计算机使用,有效节约计算资源,提升计算效能。

### 5.1.1 研发背景

随着3S技术❶、互联网、数据采集和云计算技术的发展,空间大数据的体量飞速增长,在各领域内的应用也更加普及和深入,数字经济发展也对数据要素的流动提出了更高要求。研究构建分布式环境下的综合交通"一张图",构建与其相匹配的、适用于空间分析的可视化的高效交通时空大数据模型,形成具备高扩展性、高性能地理信息服务体系的业务场景,是本项目研究分布式技术与 GIS 结合的非常重要的研究方向。分布式技术在 GIS 领域的应用主要有以下几方面:

(1)分布式空间数据存储与管理技术。

---

❶ 3S 技术,即地理信息系统(GIS)、遥感(RS)技术和全球定位系统(GPS)。

（2）大规模矢量/栅格数据在 HBase 引擎的存储与管理。

（3）分布式空间文件引擎 DSF,具有高性能全量计算能力。

（4）分布式存储数据的查询能力,全面支持 ECQL 查询条件。

（5）对接多种分布式栅格数据源,包括外挂 tfw 的 GeoTiff、IMG 等,支持对接镶嵌数据集。

分布式计算与 GIS 结合架构如图 5-1 所示。

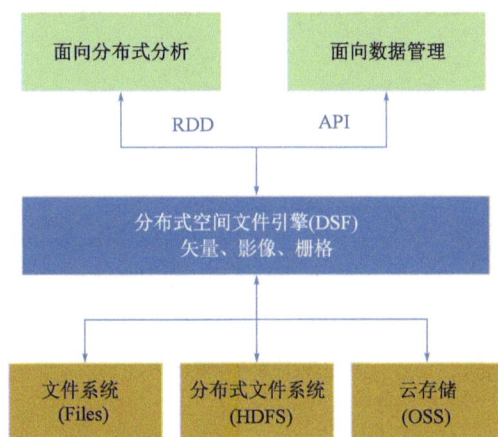

图 5-1　分布式计算与 GIS 结合架构

为攻克自动校核交通设施数据的技术问题,解决栅格数据矢量化的业务难题,在本项目中研究应用 Spark 分布式计算环境下矢量化交通设施栅格地图的技术,从而高效地实现从栅格数据中提取交通设施的矢量地图数据。

### 5.1.2　特点与优势

#### 5.1.2.1　Spark 的特点及优势

Spark 是一个高效的分布式计算系统,旨在满足大规模数据处理和分析的需求。Spark 最初由加利福尼亚大学伯克利分校的 AMPLab 开发,并于 2010 年开源发布。它是一个基于内存的计算系统,可以在分布式集群上运行,支持 Scala、Java、Python 和 R 等多种编程语言。其核心是一个分布式计算引擎,可以通过内存计算来加速大规模数据处理和分析工作,特别是针对迭代计算和交互式查询。它提供了丰富的 API 和工具,包括 Spark SQL、Spark Streaming、MLlib(机器学习库)和 GraphX(图形处理库)等,以满足不同类型的数据处理和分析需求。

Spark 的优点包括高性能、易于使用和灵活性等,特别是在处理大规模数据时表现出色。Spark 还支持多种数据源和格式,包括 Hadoop Distributed File System(HDFS)、Apache Cassandra、Apache HBase、JSON、CSV 和 Parquet 等,以完成各种类型的数据处理和分析任务。Spark 分布式管理原理如图 5-2 所示。

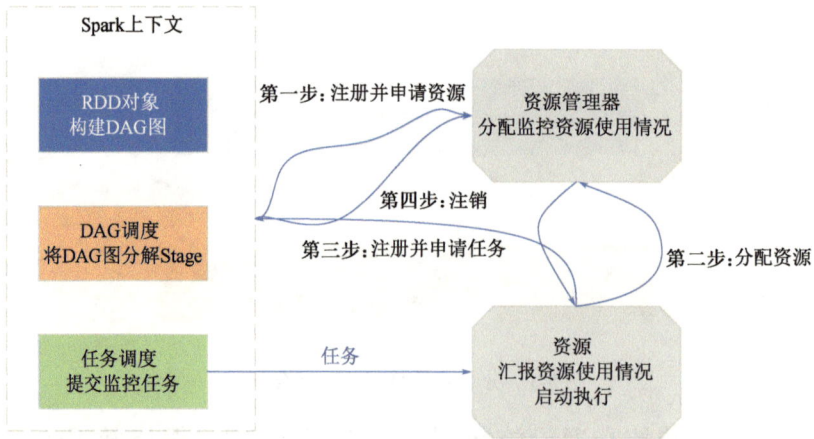

图 5-2　Spark 分布式管理原理图

Spark 架构的应用方式通常涉及以下几个组件:

(1)驱动器程序(Driver Program):驱动器程序是 Spark 应用程序的入口点,负责定义数据处理的流程、计算任务的划分和调度,并协调各个执行器节点上的任务执行。驱动器程序通常使用 Spark 提供的 API 进行编写,可以使用不同的编程语言。

(2)执行器节点(Executor Nodes):执行器节点是 Spark 集群中实际执行任务的计算节点。每个执行器节点都运行在分布式集群上,从驱动器程序中获取任务并执行。Spark 应用程序可以配置多个执行器节点,以便并行处理大规模数据集。

(3)Spark 上下文(Spark Context):Spark 上下文是 Spark 应用程序和集群之间的连接器,负责将驱动器程序中定义的任务转换为可在执行器节点上执行的任务。Spark 上下文还负责跟踪 Spark 应用程序的状态和进度,以及协调各个执行器节点上的任务执行。

(4)集群管理器(Cluster Manager):集群管理器负责协调和管理 Spark 集群中的各个执行器节点。Spark 支持多种集群管理器,包括 Standalone 模式、Apache Mesos 和 Hadoop YARN 等。集群管理器通常负责分配计算资源、协调任务执行和监视集群状态等。

### 5.1.2.2 基于 Spark 的交通设施栅格矢量化特点及优势

栅格与矢量数据转换是数据转换的一种方法,即矢量与栅格两种数据形式之间的转换技术。栅格矢量化是将分类栅格文件中所选分类输出到单独的矢量层,或是将所有分类都输出到一个矢量层中的过程。这个过程主要用于将栅格数据转化为矢量数据,其基本概念是从栅格单元转换为几何图形。

若对扫描的数字化交通栅格数据建立矢量数据库,则需要经过图像处理,如边缘增加、细化、二值化、特征提取及模式识别才能获得矢量数据,GIS 上通常将多色地图分色后逐个元素(如公路、铁路、航道、水系、符号及注记)加以识别和提取。如果要将数字影像矢量化,则需要先做好重采集、图像处理、影像匹配和影像理解等工作,才能将影像上的语义和非语义信息提取出来,并形成矢量格式的数据。栅格数据矢量化的流程有以下五步。

1)二值化

由于扫描后的图像是以不同灰度级存储的,为了实现栅格数据矢量化,需要压缩为两级(0,1),称为二值化。

2)二值图像预处理

对于扫描输入的图幅,因原稿不干净等原因,会出现一些飞白、污点、线划边缘凹凸不平等现象,需要进行预处理。

3)细化骨架化

将二值图像象元阵列逐步剥除轮廓边缘的点,使之成为线划宽度只有一个象元的骨架图形,细化后的图形骨架既保留了原始图形的大部分特征,又便于下一步的跟踪处理。细化的基本过程是三步:一是确定需要细化的象元集合;二是移动不是骨架的象元;三是重复上述两步操作,直到仅剩骨架象元。

对扫描后的交通栅格图像进行细化处理,应符合下列要求:一是保持原线划的连续性;二是线宽只为一个象元;三是细化后的骨架应是原线划的中心线;四是保持图形的原有特征。

4)追踪

细化后的二值图像形成了骨架图,追踪就是把骨架转换为矢量图形的坐标序列。其基本步骤为:

(1)从左向右、从上向下搜索线划起始点,并记下坐标。

(2)朝该点的8个方向追踪点,若没有,则本条线的追踪结束,再重复上一步进行下一条线的追踪;若有则此点按第①步进行8个方向追踪。

(3)进行下个点的搜索。

5)拓扑化

为进行拓扑化,需要找出交通设施线的端点、结点及孤立点。

端点:某个点的相邻8个象元中只有1个为1的象元。

结点:某个点的相邻8个象元中有3个或3个以上为1的象元。

孤立点:某个点的相邻8个象元中没有为1的象元。

### 5.1.3　应用实践

本项目提出的基于Spark的交通设施栅格矢量化的算法模型,攻克了提取栅格数据内交通设施的难题,实现了交通设施智能化增量更新的业务问题。系统部署在Spark框架下的分布式计算环境下,与相同虚拟资源环境下相比,并行识别栅格数据上交通设施的效率提升34%,资源利用率减少28%,系统故障率降低37%。该项技术已在甘肃省自然村组路普查和公路网"一张图"项目、云南公路基础设施更新、四川省公路水路投资计划管理等项目中应用,获得了一致好评。

#### 5.1.3.1　甘肃省自然村组路普查和公路网"一张图"项目

该项目以甘肃全省初步掌握的自然村组道路数据库为基础,调查补充完善自然村组点位、图片、人口、户数及通达路线里程、技术等级、路面类型等基本信息,研究界定较大人口规模自然村组的范围口径,建立指标完整、数据准确、覆盖全面的甘肃省自然村组道路通达情况数据库,构建甘肃省较大人口规模自然村组通硬化路建设项目库;兼顾乡村产业振兴,同步调查农村产业路、资源路、旅游路的发展需求及连接路线信息,建立甘肃省农村产业路、资源路、旅游路数据库和项目库;融合甘肃省高速公路和一级公路、普通国省道、农村公路路网数据,构建甘肃省"一张图",为加快推动甘肃省"四好农村路"高质量发展、进一步提升甘肃省公路交通发展和现代化综合交通体系建设的科学决策水平提供坚实的基础数据支撑。该项目架构如图5-3所示。

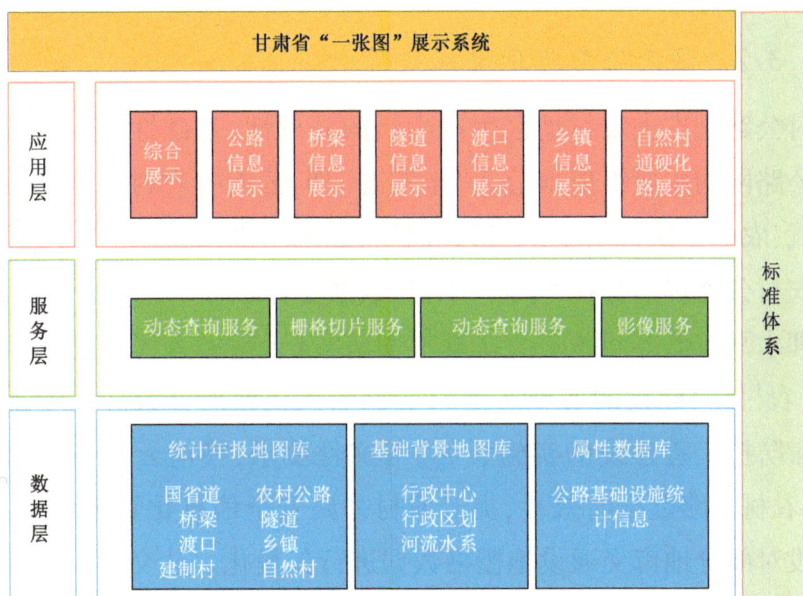

图5-3　甘肃省自然村组路普查和公路网"一张图"项目架构图

该项目有一项重要的工作内容,即对全省5万多张公路设施栅格数据矢量化,需要提取其公路的线形线位,并基于矢量化的公路设施数据与调查的结果数据进行比对。项目采用 Spark 分布式的框架,部署 Spark 分布式环境下的交通设施栅格矢量化应用的流程为:

第一步,将驱动器程序和应用程序代码打包成可执行的 JAR 包,并上传到 Spark 集群中。

第二步,在集群管理器上启动 Spark 应用程序,并分配所需的计算资源。

第三步,Spark 应用程序开始运行,驱动器程序对不同大小的栅格数据按指定栅格大小的图像进行切割,并将对切割后的栅格数据进行矢量化的任务分发给执行器节点执行。

第四步,执行器节点在集群上并行对栅格数据进行矢量化,并将结果返回给驱动器程序。

第五步,循环上述第三、第四步。

第六步,Spark 应用程序完成后,驱动器程序生成结果并将其保存到目标数据存储位置。

此技术在本项目中得到较好的应用,快速地实现本项目的栅格数据矢量化工作,提升了工作效率。

### 5.1.3.2 云南公路基础设施更新

农村公路是广大农村地区生产生活的先导性、基础性、服务性设施,是云南省公路网的主要组成部分。"十三五"期,云南省农村公路建设取得了巨大成就,农村公路覆盖范围、通达深度、通畅水平、服务能力显著提高,但云南省农村公路仍然存在"家底"不清、数据更新滞后、安全生命防护工程信息化管理水平较低等问题。为认真贯彻落实《云南省人民政府关于加快推进"四好农村路"建设的实施意见》《云南省人民政府办公厅关于加强公路安全生命防护工程建设的实施意见》等文件要求,摸清云南省农村公路底数,提高农村公路数据时效性,提升农村公路安全信息化管理水平,拟采用技术手段对部分地市交通设施栅格数据进行矢量化。从交通设施栅格数据矢量化后的数据内提取农村公路空间地理信息数据,传统的方式工艺流程长、人工操作量大,难以控制提取数据的质量。

为满足此业务需求,项目组搭建 Spark 分布式环境,使用交通设施栅格地图矢量化转换方法,对交通设施栅格数据进行矢量化。项目组在现有系统上扩展调用 Spark 分布式计算环境相应的 API 接口,并在 Spark 分布式计算环境内配置交通设施栅格数据矢量化的应用程序,让 Spark 调度及管理各节点的交通设施栅格数据矢量化应用进程任务,从而实现全自动化的业务流程,提高工作效率。

### 5.1.3.3 四川省公路水路投资计划管理项目

以农村公路基础数据和遥感核查成果为基础,整合农村公路规划、计划、统计、管理养护、农村客货运、安全监管等方面的数据资源,形成全要素的农村公路数据库,为农村公路综合管理提供翔实的数据支持。四川省启动相关信息系统建设工作,本项目应用 Spark 分布式计算的交通设施栅格数据矢量化成果,成功实现四川省农村公路栅格数据矢量化。

## 5.2 交通地物自动抽稀技术

### 5.2.1 研发背景

地物抽稀有两种情况。一是在处理交通时空矢量化数据时,往往会有部分重复数据,对进一步数据处理带来诸多不便。多余的数据一方面浪费了较多的存储空间,另一方面造成所要表达的图形不光滑或不符合标准。因此,要通过某种规则,在保证矢量曲线形状不变的情况下,最大限度地减少矢量数据点个数,这个过程称为抽稀。二是在比例尺较小的时候,难以反映所有要素,就需要有选择性地保留一些地物及抽稀一些不重要的地物。

数据经过抽稀后,要基本保证能反映原图形或曲线的基本形状特征,能够为进一步的处理节省空间和时间。抽稀在 GIS 矢量数据处理、图形数据压缩处理中有广泛的应用。曲线抽稀的关键是定义抽稀因子,抽稀因子的不同决定了抽稀算法的多样性,按步长、线段长度、垂距等来定义抽稀因子是现有抽稀理论中常用的抽稀算法。

### 5.2.1.1 步长法

步长法是沿连续曲线每隔一定的步长抽取一点,其余点全部压缩掉,然后在相邻抽取点间用直线连续或曲线拟合逼近。这种方法主要有两点不足:一是曲线上的特征点,如曲线拐弯处等曲线变化较大的点可能因抽稀被压缩掉,导致曲线变形;二是在某些情况下,仍会留下部分多余点无法删除,如曲线中有一段比较直,而步长又较小,会导致此段直线上有多个抽取点,而实际上只要保留直线段的首尾点即可。因此,抽取后的曲线与原曲线有一定的误差,误差大小与步长的设置及曲线拟合方法有关。如果能综合考虑步长和曲率,会达到更好的抽稀效果,此算法的弊端是算法难以通用。

### 5.2.1.2 线段过滤法

线段过滤法是指当某一段的长度小于某一过滤值时,就以该段的中点代替该段,如同此段的两端退化到中点一样。线段过滤法同步长法一样,过滤值的大小决定着抽稀算法的精度,需要根据不同比例尺来逐一调试过滤值的长度,且不同比例尺的过滤值不通用。

### 5.2.1.3 道格拉斯-普克算法

道格拉斯-普克算法(Douglas-Peuker 算法,简称 DP 算法)一般从整体角度来考虑一条完整的曲线或一段确定的线段,其基本思路为:

(1)在曲线的首末点之间虚连一条直线,求曲线上所有点与直线的距离,并找出最大距离值 $d_{max}$,用 $d_{max}$ 与事先给定的阈值 $D$ 相比。

(2)若 $d_{max} < D$,则将这条曲线上的中间点全部舍去。

若 $d_{max} \geq D$,保留 $d_{max}$ 对应的坐标点,并以该点为界,把曲线分为两部分,对这两部分重复使用该方法,即重复前两步,直到所有 $d_{max} < D$,即完成对曲线的抽稀。显然,本算法的抽稀精度也与阈值相关,阈值越大,简化程度越高,点减少得越多;反之,简化程度越低,点保留得越多,形状也越趋于原曲线。

DP 算法的抽稀精度与前两种方法相比有明显提高,一是因为其阈值一般取相应地物最大允许误差,二是因为算法能做到在删除与保留之间达到较好的平衡,既能充分减少点的数量,又能尽量保留特征点,但由于在编程实现时要用到循环或递归,当待抽稀的点数量很多时,效率会受到影响。

### 5.2.1.4 垂距限值法

垂距限值法与 DP 算法原理一样,但其并非从整体角度考虑一条完整曲线,而是从第一点开始依次筛选,去除冗余点。即以第一点为起点,计算第二点至第一点和第三点连线的垂直距离,若此距离大于某阈值,则保留第二点,并将其作为新起点,计算第三点至第二点和第四点连线的垂直距离;否则,去除第二点,计算第三点至第一点和第四点连线的垂直距离,以此类推,直至曲线上最后一点。其阈值一般取相应地物最大允许误差或更小值。垂距限值法的抽稀精度与 DP 算法相当,但循环简单,是一种较理想的常用抽稀算法。

本项目提出的交通地物自动抽稀算法模型是根据输入的路网数据和地物数据,对地物进行抽稀,获得目标地物集合;从所述目标地物集合中,识别出沿路网缓冲区范围内的地物,得到第一地物集合,并对所述第一地物集合进行抽稀得到第一目标地物集合;从所述目标地物集合中,识别出沿路网缓冲区范围外的地物,得到第二地物集合,并对所述第二地物集合进行抽稀得到第二目标地物集合;根据所述第一目标地物集合和所述第二目标地物集合,得到区域地物抽稀结果。

### 5.2.2 特点与优势

公路电子地图在交通规划、建设项目前期研究和设计,以及公路日常养护维修等工作中,起到辅助决策和数据支撑的关键作用。同时通过对地图数据准确、可视化的展示,提高了养护管理信息交流的准确性与高效性。公路电子地图与业务工作结合得越来越紧密,对数据展示的准确性、地物信息的参考性要求也逐渐提高。公路专题地图与普通地图集不同,公路专题地图的 POI 以行政驻地点及公路点状要素为主,行政驻地点有省(区、市)、地市和县级行政区划驻地、乡镇、建制村和自然村,公路点状要素有桥梁、隧道、渡口等。在行政驻地和公路网旁边点状要素稀少的区域,公路专题地图需要补充标志性地物作为位置参考。在公路专题地图中,点状地物一方面要在关键位置出现,如在公路网的起止点、连通点、重要拐点等地方,需要展示公路网的走向和路网连通性特征;另一方面应尽量分布均匀,以满足地图的美观性要求。因此,有必要研究符合公路电子地图点状地物分布特征的抽稀方案,以便减少制图综合过程中因调整标注带来的较大工作量,提高制图的效率。

本项目率先提出一种基于路网分布特征的非均匀地物抽稀的算法模型,其思路是充分考虑公路电子地图中点状地物和路网的位置关系,保留路网关键节点附近的点状地物,使公路电子地图满足功能和美观性需求。

### 5.2.2.1 沿着公路范围内地物抽稀算法

第一步:计算待抽稀的地物集合 $P_1$。在待抽稀比例尺 $R$ 下,对公路路网进行空间拓扑缓冲,形成一个带状的面层要素 $B$,再通过空间拓扑分析在要素 $B$ 内的地物集合 $P_1$。

第二步:计算密度 $G_1$。点状地物在设定的 $S$ 容限值范围内,其他点状地物数量称为地物的密度,循环计算 $P_1$ 集合中各个点状地物的密度 $G_1$。针对每一个点状地物,确定该点状地物的名称长度 $L$,以及确定该地物与其距离最近的路网关键节点,其中该点状地物与其距离最近的关键节点的距离为 $D$,每一个地物唯一对应一个关键节点。

第三步:计算排序值。根据各点状地物在第一设定范围内的密度 $G_1$ 以及各个地物的名称长度 $L$,计算各个地物的排序值 $\text{sort}_1$。$\text{sort}_1$ 计算如下:

$$\text{sort}_1 = L \times \text{WL}_1 + G_1 \times \text{WG}_1 \tag{5-1}$$

式中:$\text{WL}_1$——地物名称长度 $L$ 的权重,$\text{WL}_1 \in (0,1)$;

$\text{WG}_1$——密度 $G_1$ 的权重,$\text{WG}_1 \in (0,1)$。

第四步:设置不抽稀值。在式(5-1)计算结果的基础上,将路网关键节点预设距离阈值范围 $S_0$ 内地物的排序值 $\text{sort}_1$ 设置等于0,即保证关键节点预设范围 $S_0$ 以内的地物保留下来。

第五步:抽稀地物。根据各个地物的排序值 $\text{sort}_1$,对各个地物进行排序,并确定地物总数 $N_1$,其中用 ID 表示每个地物的排序序号,待抽稀地物计算规则如下:

$$P_{\text{待抽稀地物}} = (\text{ID} \leqslant (R_1 \times N_1)) \text{ and } (\text{sort}_1 > 0) \text{ and } (G_1 > 0) \tag{5-2}$$

式(5-2)中,抽稀比例参数 $R_1$ 为 0~100% 的某个数值,可以根据需求灵活设定,根据设置的抽稀比例参数 $R_1$,抽稀满足第一预设条件的地物,得到所述待保留的地物集合 $P_{11}$,其中所述第一预设条件为地物的 ID 在 $R_1 \times N_1$ 的范围内,且密度 $G_1 > 0$、地物的排序值 $\mathrm{sort}_1 > 0$。

第六步:循环执行上述第二至第五步,直至当满足上述条件的集合为空或者可视效果良好时,得到待保留的地物集合为 $P_{11}$。

第七步:对地物集合 $P_{11}$ 再次抽稀。计算待保留的地物集合 $P_{11}$ 中各个地物在第二设定范围内的密度 $G_2$;根据各个地物在第二设定范围内的密度 $G_2$ 以及各个地物的名称长度 $L$,计算各个地物的排序值 $\mathrm{sort}_2$;根据各个地物的排序值 $\mathrm{sort}_2$,对各个地物进行排序,并确定地物总数 $N_2$,其中用 ID 表示每个地物的排序序号;根据设置的抽稀比例参数 $R_2$,抽稀删除满足地物的 ID 在 $R_2 \times N_2$ 的范围内且密度 $G_2 > 0$ 预设条件的地物,得到所述第一目标地物集合。

### 5.2.2.2 沿着公路范围外地物抽稀算法

设置公路沿线范围容限值 $B$,提取范围外的点状地物集合 $P_2$。$P_2$ 是距离公路路线在容限值距离外的地物集合,其抽稀后需要保持地图的参照性和美观性,因此这部分点状地物抽稀的目标是使其保持均匀分布。按以下步骤进行抽稀:

第一步:计算 $P_2$ 集合的密度 $G_2$。循环计算 $P_2$ 集合中各个点状地物的密度 $G_1$。

针对每一个地物,确定该点状地物的名称长度 $L$,以及确定该点状地物与其距离最近的路网关键节点,其中该点状地物与其距离最近的路网关键节点的距离为 $D$,每一个点状地物唯一对应一个路网关键节点。

第二步:计算排序值。根据各点状地物在第一设定范围内的密度 $G_2$ 以及各个点状地物的名称长度 $L$,计算各个地物的排序值 $\mathrm{sort}_2$。$P_2$ 集合中不需要保留关键节点周围地物,因此,不用考虑 $\mathrm{sort}_2 = 0$ 的特殊要保留情况。

第三步:抽稀地物。根据各个地物的排序值 $\mathrm{sort}_2$,对各个地物进行排序,并确定点状地物总数 $N_1$,其中用 ID 表示每个点状地物的排序序号,待抽稀点状地物计算规则如下：

$$P_{待抽稀地物} = \left( \mathrm{ID} \leqslant \left( R_2 \times N_2 \right) \right) \mathrm{and} \left( G_2 > 0 \right) \tag{5-3}$$

式中,抽稀比例参数 $R_2$ 为 0 ~ 100% 的某个数值,可以根据需求灵活设定。根据设置的抽稀比例参数 $R_2$,抽稀满足第一预设条件的地物,得到所述待保留的地物集合 $P_{21}$,其中所述第一预设条件为地物的 ID 在 $R_2 \times N_2$ 的范围内,且密度 $G_2 > 0$。

第四步:循环执行上述第二至第三步,直至当满足上述条件的集合为空时,或者可视效果良好时,得到待保留的地物集合 $P_{21}$。

第五步:抽稀后的结果,抽稀保留的最终点状地物为 $P_{12}$ 和 $P_{21}$ 的集合。

### 5.2.3　技术指标对比

#### 5.2.3.1　非均匀抽稀

1)针对抽稀比例的影响试验

为研究抽稀比例对结果的影响情况,验证过程以沿路线周围 500m 范围内作为研究区域,范围内点状地物共有 4216 个,首先以抽稀比例为 0.05 进行抽稀,最终达到较好的展示效果时剩余点状地物 302 个。以保留约 302 个点状地物为目标,分别取值 0.2、0.75 进行抽稀,得到表 5-1 的数据。抽稀比例决定单次循环删除的点状地物数量,比例越小、循环次数越多,抽稀的效率就越低。表 5-1 显示,在保留地物相近的情况下,抽稀比例对循环次数影响较大。

**三组抽稀比例的试验数据**　　　　　　　　　表 5-1

| 组别 | 抽稀比例 | 循环抽稀次数(次) | 保留点状地物数量(个) |
|---|---|---|---|
| 第一组 | 0.05 | 60 | 302 |
| 第二组 | 0.2 | 6 | 310 |
| 第三组 | 0.75 | 1 | 371 |

图 5-4 中显示,在抽稀比例较小的情况下,点状地物密度相差不大;当比例较大,抽稀一步完成时,将导致试验结果出现较多的区域密集的情况,结合图 5-5 的地图分布,试验结果更明显。

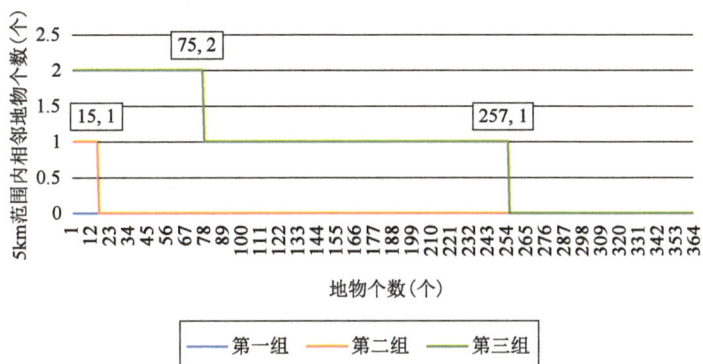

图 5-4　三组试验结果地物密度分布

2)针对字段长度权重 WL 和地物聚集度权重 WG 的影响试验

验证过程以沿路线周围 500m 范围内作为研究区域,字段长度权重 WL 和地物聚集度权重 WG 分别取三组值(0.6,0.5)、(0.4,0.5)、(0.2,0.5),点状地物间距取值为 5km。基于针对抽稀比例的影响试验结果,为提高抽稀效率,路网关键节点在一定范围内抽稀比例取 0.2,分别进行了 6 轮抽稀,得到表 5-2 的数据。

抽稀后地物密度分布表　　　　　　　　　表 5-2

| 组别 | 无相邻点状地物占比 | 有 1 个点状地物占比 | 有 2 个点状地物占比 |
|---|---|---|---|
| 第一组 | 72.27% | 19.05% | 8.68% |
| 第二组 | 89.56% | 10.44% | 0 |
| 第三组 | 96.77% | 3.23% | 0 |

在三组取值抽稀后得到的各组结果点状地物中,5km 范围内不同密度的占比情况表示抽稀之后的点状地物是否均匀分布,如第一组中 72.27% 的点状地物在 5km 范围内无相邻点状地物,27.73% 的点状地物在 5km 范围内有 1~2 个点状地物,那么在标注显示时就会出现点状地物标注相互叠压的情况;第二组约 90% 的点状地物在设定的 5km 范围内无相邻点状地物;

由于第三组的聚集度权重最高,抽稀过程中优先考虑地物密度,所以结果相对最好,在5km范围内仅3.23%有相邻地物。

表5-3为三组抽稀结果中不同标注字段长度的占比分布,字段长度越小的点状地物占比越大,图上显示的字符标注越简洁。第一组的字段长度权重占比最大,抽稀过程中字段长度大的优先被删除,因此结果中字段长度主要集中在2~3个字符,占比为92.72%;第三组字段长度权重最小,结果中字符的分布较为分散,2~3个字符长度的字符仅占71.61%。

**抽稀后地物密度分布表**     表5-3

| 组别 | 2个以内字符 | 3个字符 | 4个字符 | 5个字符 | 6~7个字符 | 8~10个字符 | 11~15个字符 |
|---|---|---|---|---|---|---|---|
| 第一组 | 41.18% | 51.54% | 6.72% | 0.28% | 0 | 0.28% | 0 |
| 第二组 | 26.58% | 50.63% | 19.94% | 2.53% | 0 | 0.32% | 0 |
| 第三组 | 20.00% | 51.61% | 24.19% | 3.23% | 0.32% | 0.33% | 0.32% |

表5-4中数据显示,三组试验的结果数据相差不大,说明字段长度与点状地物聚集度的权重对抽稀对象与关键节点的距离影响不大。

**与路网关键节点的距离数量占比分布**     表5-4

| 组别 | 500m以内 | 1km内 | 2km内 | 2km以外 |
|---|---|---|---|---|
| 第一组 | 46% | 8% | 12% | 34% |
| 第二组 | 48% | 7% | 9% | 36% |
| 第三组 | 51% | 7% | 7% | 35% |

相同操作步骤下,三组结果中效果最好的为第三组,基本均匀分布在路网周围;第一组中存在较多重叠堆积的地物,均匀分布效果实现较差。

字段长度过大的地物可以在初始数据中进行预处理,以消除对抽稀结果的过度影响;抽稀方法主要解决公路沿线及关键节点附近的均匀分布问题,因此结合数据分析和地图展示效果,第三组的权重比值最佳。

### 5.2.3.2 均匀抽稀

针对研究区域,用统计工具的子集工具获取子集比例7.5%进行抽稀,沿线4216个地物保留316个。抽稀结果中地物整体密度已经大幅度降低,但是密度分布与抽稀前基本一致,尤其是西北地区。

基于以上试验结果,得到较为理想的抽稀参数,见表5-5。

抽稀参数 表5-5

| 参数含义 | 参数简写 | 值域 |
| --- | --- | --- |
| 地物间距（km） | S | 5 |
| 沿线一定范围(m) | B | 500 |
| 抽稀比例尺 | M | 1：740000 |
| 关键节点一定范围(m) | S0 | 500 |
| 标注字段长度权重 | WL | 0.2 |
| 地物聚集度权重 | WG | 0.5 |
| 抽稀比例 | R | 0.05 |

需要说明的是,方法描述中仅对自然村的抽稀过程做了步骤详解,参与聚集度计算的除了自然村图层外,还包含图上的其他所有点状地图,包括省、市、县、乡镇、建制村五级行政驻地点。本书以单一比例尺下的抽稀为例验证了方法的可行性,在电子地图实际制作过程中,需要对多个比例尺下需要抽稀的地物单独实施。

## 5.2.4 应用实践

本项目率先提出的交通地物自动抽稀技术模型技术,攻克了交通地物专题图上自动抽稀的难题,实现了不同比例尺下交通地物的自动化抽稀。该项技术已在甘肃省自然村组路普查和公路网"一张图"项目、为交通运输部服务及应急抢险中提供决策支持。

### 5.2.4.1 甘肃省自然村组路普查和公路网"一张图"项目

利用制图软件,按照甘肃省、市(州)、县(市、区)三层级静态展示公路网"一张图"原则,对甘肃省3张公路图(高速公路＋一级公路、普通国道、普通省道)、14张市(州)公路图及86张县(市、区)公路图集进行编辑制作。技术路线如图5-5所示。

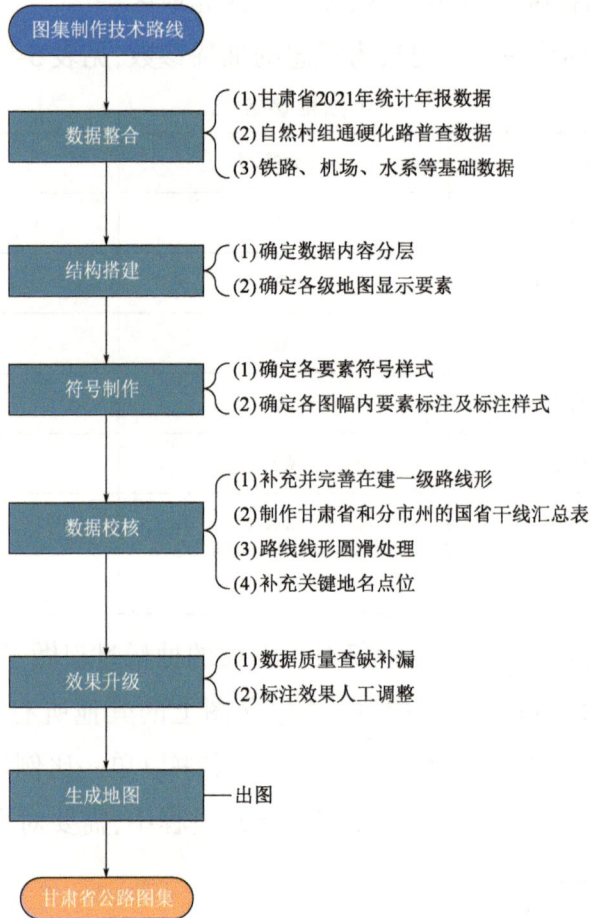

图5-5 公路图集制作流程

基于已确立的甘肃省公路网电子地图数据库,分别搭建省、市、县三级地图图层结构。一是按照高速公路优先的原则,结合行政等级建立公路数据的整体分类层级,分为国家高速公路、省级高速公路(一级公路)、其他高速公路(一级公路)、普通国道、普通省道、县道、乡道、村道、通较大规模自然村组路(通组路)9类图层,其中国家高速公路、省级高速公路(一级公路)、其他高速公路(一级公路)分已建和在建;二是按照各类地图的显示重点,突出重点内容,确定各级各类地图中要显示的图层内容。图集包含的具体图层和各类地图中的显示内容详细情况见表5-6。

显示内容 表5-6

| 序号 | 要素内容 | 甘肃省高速公路（一级公路)图 | 甘肃省普通国道图 | 甘肃省普通省道图 | 市(州)图 | 县(市、区)图 |
|------|----------|------------------------------|----------------|----------------|----------|---------------|
| 1 | 省级行政中心 | 含 | 含 | 含 | 含 | 含 |
| 2 | 市级行政中心 | 含 | 含 | 含 | 含 | 含 |
| 3 | 县级行政中心 | 含 | 含 | 含 | 含 | 含 |
| 4 | 乡镇 | 主要节点乡镇 | 主要节点乡镇 | 主要节点乡镇 | 含 | 含 |
| 5 | 建制村 | 主要节点建制村 | 主要节点建制村 | 主要节点建制村 | 主要节点建制村 | 应显尽显 |
| 6 | 自然村 | — | — | — | — | 含 |
| 7 | 已建国家高速公路 | 含 | — | — | 含 | 含 |
| 8 | 在建国家高速公路 | 含 | — | — | 含 | 含 |
| 9 | 已建省级高速公路（一级公路） | 含 | — | — | 含 | 含 |
| 10 | 在建省级高速公路（一级公路） | 含 | — | — | 含 | 含 |
| 11 | 已建其他高速公路（一级公路） | 含 | — | — | 含 | 含 |
| 12 | 在建其他高速公路（一级公路） | 含 | — | — | 含 | 含 |
| 13 | 普通国道 | — | 含 | 含 | 含 | 含 |
| 14 | 普通省道 | — | — | 含 | 含 | 含 |
| 15 | 县道 | — | — | — | 含 | 含 |
| 16 | 乡道 | — | — | — | 含 | 含 |
| 17 | 村道 | — | — | — | — | 含 |
| 18 | 通组路 | — | — | — | — | 含 |

| 序号 | 要素内容 | 甘肃省高速公路（一级公路）图 | 甘肃省普通国道图 | 甘肃省普通省道图 | 市（州）图 | 县（市、区）图 |
|---|---|---|---|---|---|---|
| 19 | 国界 | 含 | 含 | 含 | 含 | 含 |
| 20 | 省界 | 含 | 含 | 含 | 含 | 含 |
| 21 | 市界 | — | — | — | 含 | 含 |
| 22 | 县界 | — | — | — | 含 | 含 |
| 23 | 水系 | 含 | 含 | 含 | 含 | 含 |
| 24 | 铁路 | 含 | 含 | 含 | 含 | 含 |
| 25 | 机场 | 含 | 含 | 含 | 含 | 含 |

1）符号样式

依据公路行业地图符号通用规范，根据各类地图的专题重点、各图层的等级、图层类型的等要素，分别制作各等级地图中图层的符号样式、标注样式。图集的符号样式如图 5-6 所示，点符号的大小、线符号的宽度根据不同等级地图的比例尺调整。例如，甘肃省高速公路（一级公路）图中国家高速公路的符号宽度为 3pt，兰州市地图中国家高速公路的符号宽度为 3.5pt，城关区地图中国家高速公路的符号宽度为 4pt。

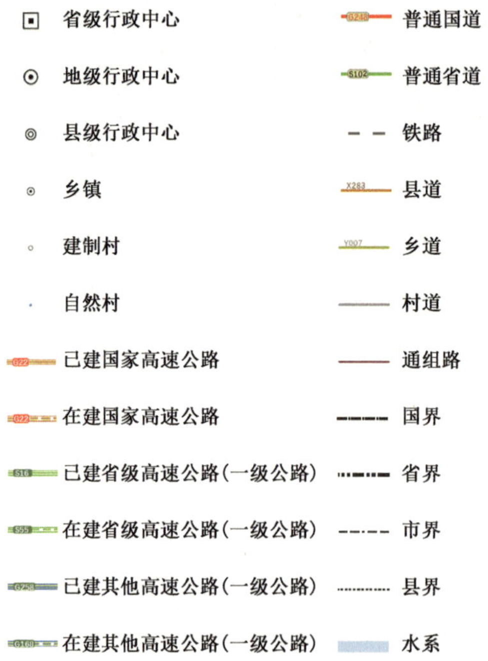

图 5-6　图集符号样式

2）标注内容

地图中各要素具有相应的内容标注、行政节点和水系标注名称，如"兰州市"，路线标注路线编号如"S22"，标注样式应结合要素的样式，进行大小、颜色、加粗等效果的调整，标注的密度按照相应等级要素最多的地图进行调整，不同地图的密度后期经人工干预调整到最佳效果。各类地图标注要素见表5-7。

图层标注 表5-7

| 序号 | 图层内容 | 甘肃省高速公路（一级公路）图 | 甘肃省普通国道图 | 甘肃省普通省道图 | 市(州)图 | 县(市、区)图 |
|---|---|---|---|---|---|---|
| 1 | 省级行政中心 | 标注 | 标注 | 标注 | 标注 | 标注 |
| 2 | 市级行政中心 | 标注 | 标注 | 标注 | 标注 | 标注 |
| 3 | 县级行政中心 | 标注 | 标注 | 标注 | 标注 | 标注 |
| 4 | 乡镇 | 标注 | 标注 | 标注 | 标注 | 标注 |
| 5 | 建制村 | 标注 | 标注 | 标注 | 标注 | 标注 |
| 6 | 自然村 | — | — | — | — | 不标注 |
| 7 | 已建国家高速公路 | 标注 | — | — | 标注 | 标注 |
| 8 | 在建国家高速公路 | 标注 | — | — | 标注 | 标注 |
| 9 | 已建省级高速公路（一级公路） | 标注 | — | — | 标注 | 标注 |
| 10 | 在建省级高速公路（一级公路） | 标注 | — | — | 标注 | 标注 |
| 11 | 已建其他高速公路（一级公路） | 标注 | — | — | 标注 | 标注 |
| 12 | 在建其他高速公路（一级公路） | 标注 | — | — | 标注 | 标注 |
| 13 | 普通国道 | — | 标注 | 标注 | 标注 | 标注 |
| 14 | 普通省道 | — | — | 标注 | 标注 | 标注 |
| 15 | 县道 | — | — | — | 标注 | 标注 |
| 16 | 乡道 | — | — | — | 不标注 | 标注 |
| 17 | 村道 | — | — | — | — | 不标注 |
| 18 | 通组路 | — | — | — | — | 不标注 |
| 19 | 国界 | 不标注 | 不标注 | 不标注 | 不标注 | 不标注 |
| 20 | 省界 | 不标注 | 不标注 | 不标注 | 不标注 | 不标注 |

续上表

| 序号 | 图层内容 | 甘肃省高速公路(一级公路)图 | 甘肃省普通国道图 | 甘肃省普通省道图 | 市(州)图 | 县(市、区)图 |
|------|---------|----------------------------|------------------|------------------|----------|--------------|
| 21 | 市界 | — | — | — | 不标注 | 不标注 |
| 22 | 县界 | — | — | — | 不标注 | 不标注 |
| 23 | 水系 | 标注 | 标注 | 标注 | 标注 | 标注 |
| 24 | 铁路 | 不标注 | 不标注 | 不标注 | 不标注 | 不标注 |
| 25 | 机场 | 不标注 | 不标注 | 不标注 | 不标注 | 不标注 |

3)数据校核

结合符号化的地图,对初步形成的地图数据进行线形线位、在建状态核对。一是补充了甘肃省在建的高速公路(一级公路),完善了已有的在建高速公路(一级公路)线形,使其符合原规划,避免年度上报过程中地图数据的偏差。二是根据甘肃省 2021 年公路养护年报,生成甘肃省已建高速公路(一级公路)、在建高速公路(一级公路)、普通国道、普通省道的一览表,包含在甘肃境内的编码、名称、起讫点、路线里程、汇总里程,并附在甘肃省的三张公路图中;生成分市(州)的国省干线一览表,展示市(州)境内的国省干线编码、名称、路线里程、汇总里程,并附在对应市(州)公路图中。三是对省级图中的路线数据进行圆滑处理,用流畅的线形重点突出干线公路的走向和与周边区域的连通性。四是为保证地图的可读性,在省、市两级公路图中路线的关键交叉处、省际连通处增加地名点位。

4)自动抽稀

根据各张图的不同比例尺,应用程序对交通线路附近的地物进行自动抽稀。

5)生成图集

根据上述步骤,对甘肃省的数据生成共 103 张地图集,每张地图集的分辨率均为 400dpi,单张图片大小为 1.3~8.2MB。对定版的布局,按照行政区划和编制页码顺序批量生成地图集。

6)公路图集

甘肃省高速公路(一级公路)图重点展示省内已建和在建的国家高速公路、省级高速公路(一级公路)、其他高速公路(一级公路)的分布建成情况及其与周边省份已建的各级高速公路(一级公路)的连通情况,辅助内容包括省内机场,省、市、县级行政中心及省际、路线交叉处地名,河流、湖泊。图幅范围内增加已建高速公路(一级公路)一览表和续建高速公路(一级公路)一览表,展示已建和续建公路的编码、名称、起讫点和省内里程信息,以增加地图的可读性。

普通国道图用红色路线展示甘肃省及周边省(区)国道的建成、分布、贯通情况,辅助内容包括省内机场,省、市、县级行政中心及省际、路线交叉处地名,河流、湖泊。图幅范围内增加普通国道一览表,展示普通国道的编码、名称、起讫点和省内里程信息,以增加地图的可读性。

普通省道图重点展示甘肃省及周边普通省道的分布情况,同时将普通国道作为浅色背景,辅助展示普通省道的连通功能。辅助内容包括省内机场,省、市、县级行政中心及省际、路线交叉处地名,河流、湖泊。图幅范围内增加普通国道一览表,展示普通省道的编码、名称和里程信息,以增加地图的可读性。

市级公路图重点展示市(州)范围内县乡道及以上公路的分布,市(州)内外国省干线的连通性。辅助内容包括省内机场、铁路,市、县、乡(镇)级行政中心及省际、路线交叉处地名,河流湖泊。图幅范围内增加市(州)范围内国省干线一览表,展示国省干线的编码、名称和境内里程信息,以增加地图的可读性。

县级公路图全面反映县(市、区)范围内公路建设现状,要素内容包含县(市、区)范围内国省道、农村公路及自然村通组路以及县级行政中心和乡镇、建制村、自然村点位信息,周边县(市、区)的国省道、县乡道、县级行政中心、乡(镇)和部分建制村,省内机场、铁路以及河流、湖泊。

### 5.2.4.2　为交通运输部服务及应急保障

为在日常及应急抢险时给部级工作提供服务,会根据不同比例尺制作纸图,在综合交通"一张图"项目中内嵌本算法模型,从而获取较为精确的图集数据。

(1)2023 年 7 月,北京门头沟大暴雨,应交通运输部相关业务处室的要求,紧急制作妙峰山镇旁边公路路网分布图(图5-7)。

图 5-7　2022 年北京市门头沟区斋堂镇公路路网图

（2）2023 年 12 月，为推动解决群众反映的跨漳卫新河道口大桥问题，根据《国务院"互联网＋督查"平台留言办理办法（试行）》，应交通运输部相关业务处室要求，对河北吴桥县和山东宁津县的跨省界河上的桥梁进行现场调研。

## 5.3 基于 I3S 标准的大范围倾斜摄影数据融合技术

### 5.3.1 研发背景

#### 5.3.1.1 倾斜摄影

倾斜摄影测量方法是通过在同一飞行平台上搭载多个摄像头，同时从一个垂直角度、四个倾斜角度共五个不同的角度采集影像，结合飞行平台搭载的定位系统获取实时定位数据，辅助必要的地面控制点，对影像进行自动化处理，获取实景三维模型成果的先进技术。倾斜摄影方法是一种新型测绘手段，已经广泛应用于新型基础测绘工作，该方法效率高，能够获取高分辨率数据，并且具有高真实性与较好的可视化效果，成本低，对无人机起降场要求较低，飞行相对航高要求也较低，同时操作容易，设计方案灵活，作业周期不长，机动性强，可大大降低三维建模成本。

倾斜摄影实景三维建模技术是一项高新技术，通过飞行平台搭载一台或多台倾斜摄影相机，同时从垂直、倾斜等不同的角度采集影像，通过专业软件进行空中三角测量、几何校正、同名点匹配、区域网联和平差等处理，最后将平差后的影像姿态信息赋予每张影像，使得它们具有在虚拟三维空间中的位置和姿态数据。再通过构建不规则三角网（Triangulated Irregular Network）、自动纹理贴图、重建实景三维模型，使影像上的每个像素对应真实的地理坐标位置。倾斜实景三维模型具有高精度、高分辨率、高清晰度的特点，近年来广泛应用于各行各业，包括智慧城市、智慧景区、古文物数字化存档保护、智能监测执法、自然资源及不动产确权等。

但在实际摄影过程中存在盲区较多、遮挡等条件限制，造成实景三维模型存在空洞、拉花等模型质量问题。通过此方法构建的三维模型，能够清晰采集交通地物要素,但农村公路旁边绿化植被较多,经常出现遮挡压盖的情况,对地物判别存在较大影响。本项目研究通过多源数据的融合,以改善倾斜实景三维建模存在的质量问题,丰富数据信息,拓宽应用领域。

### 5.3.1.2　I3S标准

I3S标准是一种用于展示三维地理信息的规范。它为地理信息领域的数据交换和共享提供了统一的框架和规范,有助于提升不同平台之间数据互操作性和一致性。I3S标准涵盖许多方面,包括数据模型、数据组织结构、数据压缩和快速可视化等内容,通过这些内容的规定,I3S标准为三维地理信息的处理和应用提供了有效支持。

1) I3S标准的背景

随着科技的发展,对地理信息需求日益增加,尤其是在城市规划、自然资源管理、环境保护和交通建设与养护等方面。因此,为了更好地描述、交换和展示三维地理信息,出现I3S标准,填补了三维地理信息领域的标准空白,为三维地理信息的交换和共享提供了更加统一的框架和规范。

2) I3S标准的主要内容

I3S标准主要包括数据模型、数据组织结构、数据压缩和快速可视化等内容。数据模型是I3S标准的核心,它定义了描述三维地理信息的基本要素和关系,包括地理要素、属性、空间关系等内容,为三维地理信息的表达提供了存储结构,包括瓦片式组织、层次化组织等,使用数据可以更加高效地进行存储和管理。数据压缩是I3S标准的重要特点之一,它采用了先进的压缩算法,能够显著减小数据的存储空间,提高数据的传输效率。快速可视化是I3S标准的亮点,它能够实现对大规模三维地理信息数据的快速渲染和展示,为用户提供流畅的加载显示效果。

3) I3S标准的应用场景

随着数字城市、虚拟现实、数字孪生等新兴技术的发展,各行业对三维地理信息的需求更加广泛和迫切。I3S标准的出现,为这些新兴技术的发展提供了强有力的支持。

I3S标准是一项重要的三维地理信息规范,为三维地理信息的描述、交换和展示提供了统一的框架和规范。I3S是一种用树状结构来组织大量三

维数据的数据格式标准,具体有以下方面特点:

(1)I3S 采用 json 文件来描述数据,采用二进制文件(格式为. bin)来存储三维地理数据。

(2)I3S 是开放地理信息标准组织(OGC)规范,OGC 标准一旦制定就不应该频繁更改,但是社区维护版本可以根据实际生产需要,基于 OGC 标准进行结构优化等。

(3)I3S 标准将三维地理数据切分,用"节点"的概念组织起来,然后这些节点被有序地写在"节点页"中,形成树状结构。

(4)I3S 将三维地理数据组织起来后,可以放在服务器上通过 REST 接口访问。

(5)I3S 目前由 slpk 格式的文件实现。

### 5.3.2 特点与优势

#### 5.3.2.1 四叉树的多边形层级

本项目提出了一种基于四叉树的多边形层级生成方法。该方法首先将提取的多边形作为第一 LOD 层级的多边形,然后按照四叉树的原则将邻近的四个多边形合并为一个多边形,逐级递归,直到合并后的多边形数量小于预设的阈值,将最后一个 LOD 层级中各多边形作为集合 SHPN。

#### 5.3.2.2 多分辨率的高程和正射影像切片分割

本项目提出了一种多分辨率的高程和正射影像切片分割技术。该技术首先分别依据集合 SHP1 ~ SHPN,逐级对高程数据和正射影像数据进行切片分割,同时利用栅格重采样算法逐渐降低高程数据和正射影像数据的分辨率,得到高程切片数据和正射影像切片数据。该技术通过设置不同的分辨率,可以根据需要在不同精度下展示数据,有效减少数据量和提高加载效率。

#### 5.3.2.3 倾斜摄影数据与地形数据融合

本项目提出了一种倾斜摄影数据与地形数据融合技术。该技术将地形级倾斜 SLPK 数据和倾斜摄影 SLPK 数据进行融合,实现了倾斜摄影数据与地形数据的无缝结合。在融合过程中,对节点 ID 和节点页信息进行更新,确保数据的正确性和完整性。同时,在生成融合 SLPK 文件时,能够灵活地控制数据的加载顺序和方式,使得页面加载更加流畅和高效。借助这一融合技术,实现了对倾斜摄影数据与地形数据的全面展示和应用。

### 5.3.2.4 I3S 标准协议

本项目基于 OGC 的 I3S 标准协议,统一了数据模型、数据组织结构、数据压缩和快速可视化等内容,以及地理要素、属性、空间关系等信息,为三维地理信息的表达提供了存储结构,包括瓦片式组织、层次化组织等,使人们可以更加高效地存储和管理数据。

使用 I3S 标准协议的倾斜摄影数据,采用了先进的压缩算法使本项目的数据存储空间减少 13%,实现大规模三维地理信息数据的快速渲染,浏览器端加载倾斜摄影数据的时间缩短 9%,浏览器端内存使用率降低 4%。

## 5.3.3 应用实践

本项目率先提出基于 I3S 标准的大范围倾斜摄影数据融合技术,攻克了快速构建倾斜摄影数据的三维模型技术难题,实现了多源大范围倾斜摄影数据与矢量、遥感影像数据的无缝融合。该项技术已在甘肃省自然村组路普查和公路网"一张图"项目中得到应用。

倾斜摄影测量技术以大范围、高精度、高清晰度的方式全面感知复杂场景,通过高效的数据采集设备及专业的数据处理流程生成的数据成果,直观地反映地物的外观、位置、高度等属性,为真实效果和测绘级精度提供保证。同时有效提升模型的生产效率,采用人工建模方式需要 1~2 年才能完成一个中小城市的建模工作,通过倾斜摄影建模方式只需要 3~5 个月时间,大大降低了三维模型数据采集的经济和时间成本。甘肃省自然村组路普查和公路网"一张图"项目中对三个乡镇域内的农村公路采用无人机倾斜摄影测量方式,在本项目内采用符合 I3S 标准的方式组织数据结构,提取研究范围内的农村公路数据,构建农村公路三维模型。倾斜摄影如图 5-8 所示。

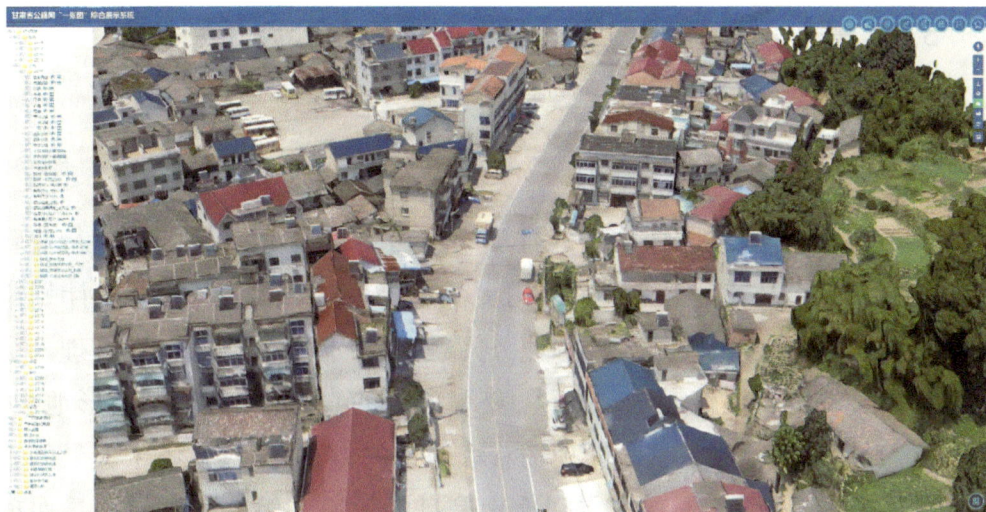

图 5-8　倾斜摄影

### 5.3.4　支撑证明材料

本项目提出的基于 I3S 标准的大范围倾斜摄影数据融合技术,解决了快速生成倾斜三维数据的建模问题,实现了基于 I3S 标准的快速、高效的倾斜摄影数据存储、融合、展示功能。

此创新点的主要支撑证明材料主要见表 5-8。

**创新点的主要支撑证明材料**　　　　　　　　　　　　表 5-8

| 类型 | 材料名称 |
|---|---|
| 发明专利 | 大范围倾斜三维数据的融合方法、系统及设备 |
| 论文 | 《GIS 与遥感技术在农村公路基础数据更新管理中的应用》;<br>《农村公路基础设施数据现状及优化措施》;<br>《关于缓解农村公路发展区域不平衡问题的政策建议》 |
| 软件著作权 | 国家高速公路规划分析与展示系统 V1.0;<br>全国 2020 年农村公路路网分析与展示系统 V1.0;<br>综合交通能力运行监测系统 V1.0;<br>综合运输大通道分析与展示系统 V1.0;<br>公路电子地图快速显示地图服务系统 V1.0;<br>综合交通基础设施地理信息平台 V1.0 |

## 5.4 基于深度神经网络的遥感影像农村公路识别技术

### 5.4.1 研发背景

近年来,随着卫星影像技术的日益成熟和民用化发展,交通运输行业管理开始引入较多技术手段,从而运用卫星影像解决项目规划、投资计划审核、现状进度核查以及线形线位等业务问题。利用卫星影像技术,管理人员可以在不必现场实地踏勘的情况下,获取项目的直观信息,包括地形地貌、植被覆盖、道路状况等。这种非现场获取信息的方式,不仅节省了大量的人力和时间成本,还提高了获取空间地理信息的效率和精确度。特别是在项目规划审核和投资计划复核方面,卫星影像技术的应用可以帮助管理人员更准确地评估项目的可行性和风险,从而为决策提供科学依据。

项目组深入研究了遥感影像在农村公路基础数据校核技术方面的应用。通过分析遥感影像数据,有效核实农村公路的位置、线形和线位等关键信息,从而提升农村公路数据的质量和精度。这项技术的应用,不仅有助于解决农村公路管理中存在的定位不准、数据不精确等问题,还为实现农村公路的精准化管理提供了重要支持。

为解决准确校核全国460万km农村公路的业务问题,本项目首次提出基于深度神经网络的遥感影像数据的农村公路校核技术的体系框架,提升了农村公路的空间地理线形数据质量。

### 5.4.2 特点与优势

本项目提出的分布式框架下的深度神经网络与GIS融合应用的分析计算模型,可实现深度神经网络与GIS技术的结合应用。本项目研发的深度神经网络识别提取公路线形及基础指标模块,通过对全国不同区域内的农村公路样本进行训练,尤其是沙漠地区农村公路,结合GIS微服务,实现全流程的业务覆盖。建立空间机器学习和空间深度学习等方面的分析函数,利用GIS后端服务平台提供的分布式对象存储环境,为行业内提供一体化的解决方案。

### 5.4.2.1 新型遥感影像路网提取算法模型,精准性更高,效率更快

在传统的深度神经网络框架下,目前应用广泛的算法是以深度神经网络(Deep Neural Network,DNN)为基础的算法,包括基于卷积神经网络(Convolutional Neural Networks,CNN)模型提取路网、基于全卷积神经网络(Fully Convolutional Networks,FCN)模型提取路网和基于改进型 FCN 模型提取路网。基于改进型 FCN 模型的路网提取算法是近年来的研究趋势之一,但它对于网络本身的改进是基于细节方向上的改进,在图像分割问题的处理上存在优势,也存在一些问题。

基于改进型 FCN 模型的路网提取算法的主要优点有四方面:一是不丢失遥感影像细节特征;二是提出的道路边缘无毛刺;三是剔除冗余信息;四是衔接孤立的公路。

应用算法的路线识别结果,利用全国公路电子地图数据进行了试验验证。应用该算法,公路电子地图数据在遥感影像中被识别的比例达到了91%,与传统的遥感影像识别相比,准确性提高27%,效率提高27%,GPU占用率减少7%。

### 5.4.2.2 新型遥感影像路面宽度提取算法,精度更高

本项目基于利用边缘信息的宽度提取方法,针对农村公路路侧环境复杂的特点,利用特征矩阵技术提高了农村公路道路边缘提取的精度,改良了传统的边缘信息宽度识别算法,更适用于路面宽度较低、道路旁边存在房屋建筑或绿化植被等环境的农村公路路面宽度识别。

利用 2023 年云南省 29 万 km 的农村公路基础数据进行精度测算,该算法对 6m 以上农村公路的路面宽度提取结果精度达到 83%;对 6m 以下农村公路的路面宽度提取结果精度达 72%。

### 5.4.2.3 新型遥感影像路面类型识别算法,精度更高

本项目的遥感影像路面类型识别算法模型针对遥感影像精度要求优于1m 精度的影像数据,其流程是读取农村公路路线线形,获取农村公路路线在遥感影像的空间位置,再根据遥感影像对农村公路路面类型进行特征识别,从而获取农村公路的路面类型。本算法采用四叉树加权算法对遥感影

像上农村公路路面类型进行识别,能够有效提升路面类型识别率,排除农村公路线形在采集过程中定位系统精度误差造成与遥感影像局部线形无法拟合的影响,同时消除遥感影像上建筑物或其他树木造成局部阴影遮挡农村公路路面的影响。

对 2023 年云南省 29 万 km 的农村公路基础数据进行精度测算,沥青(水泥)路面类型识别精度达到 87%,其他路面类型识别精度为 81%。与传统的路面类型识别相比,精度提高 21%,效率提高 14%。

#### 5.4.2.4 基于链码的 GIS 线形比对与筛选算法,效率更高

为确保入库数据"不重不漏"和线形准确,本项目率先提出使用链码技术对 GIS 线形进行比对的算法模型,从而高效地对比往年农村公路线形数据。传统比对技术采用"全重叠"比对方法,对原有路线线形进行加缓冲区操作,再将卫星定位采集轨迹叠加至其上图层,若轨迹落于缓冲区内即判断采集的轨迹线形无误。该方法无法排除卫星定位手持设备产生的定位误差,存在路网数据库因加密措施产生的坐标平移导致轨迹趋势一致但空间位置有较大差异等问题,也无法处理路线交叉的问题。

对 2023 年云南省 29 万 km 的农村公路基础数据进行入库比较,此算法模型的比对入库效率提高 45%,节约资源 16%。

### 5.4.3 应用实践

#### 5.4.3.1 云南省公路基础数据项目

云南省农村公路基础数据动态管理系统从底层框架开发、数据库设计到数据采集处理流程,都得到了全新升级改造。在增强扩展性、易用性和集成性的基础上,确保了系统维护稳定性、安全性和高性能。应用后,用户体验和满意度都大幅提升,同时有效提高年度公路基础数据更新管理工作的效率,更好地适应部级单位对相关工作的要求,满足省级公路信息化管理的需求,实现数据的共享、统一,确保"数出一源",同时为"一张图"提供翔实的数据支持,实现对公路基础数据库的及时、高效管理。通过云南省农村公路基础数据动态管理系统的应用,明确公路基础数据在线更新的工作模式,从组织方式、职责分工、业务流程、技术规范、报送要

求以及审核要点等各方面对公路基础数据更新工作的开展进行规范,辅助各级交通运输主管部门利用统一的数据管理平台对公路基础数据实现外业采集、内业处理、汇总上报的实时常态化的规范管理,确保更新工作融入日常的业务管理工作中,实现智能化的数据更新,降低集中工作强度,提升更新数据质量,促进省级公路管理水平和信息化水平的进一步提高。

该项目以遥感影像为基础,利用基于深度学习的神经网络,提取遥感影像上道路的线形、路面材质及路面宽度等指标,对云南省农村公路进行识别与核查。该系统包括移动端云南省农村公路基础数据动态更新系统和网页端云南省农村公路基础数据动态更新系统。其中,移动端云南省农村公路基础数据动态更新系统包括数据采集、数据查询、地图展示、数据管理等功能,网页端云南省农村公路基础数据动态更新系统包括地图管理、地图编辑、数据处理、数据管理、变更管理、报表管理、数据审核等功能。系统开发完成后实现数据的共享、统一,和云南省交通运输厅目前使用的多个系统实现数据共享,同时为云南省农村公路遥感核查提供涉及本系统的相关技术服务。

通过本次数据核查,提取云南省遥感影像上道路数据,应用 GIS 线形比对与筛选的方法与云南省 6.3 万条路线进行比较,形成一套与农村公路基础数据的差异表,再根据现场情况进行核实,确认基础数据中路段里程、路面类型、路面宽度等情况,见表5-9。

**云南省各市州数据核对汇总表**(单位:条)　　　表5-9

| 市州 | 小计 | 结果 | | |
|---|---|---|---|---|
| | | 核查无误 | 里程、路面类型、路面宽度都不一致 | 路面类型、路面宽度不一致 |
| 总计 | 63066 | 25266 | 3029 | 11024 |
| 昆明市 | 8172 | 3912 | 234 | 970 |
| 曲靖市 | 8113 | 2512 | 470 | 2325 |
| 玉溪市 | 5520 | 2075 | 151 | 655 |
| 保山市 | 3841 | 1592 | 153 | 639 |
| 昭通市 | 4463 | 2058 | 195 | 1033 |

续上表

| 市州 | 小计 | 结果 | | |
|---|---|---|---|---|
| | | 核查无误 | 里程、路面类型、路面宽度都不一致 | 路面类型、路面宽度不一致 |
| 丽江市 | 1481 | 814 | 54 | 91 |
| 普洱市 | 4320 | 2041 | 187 | 612 |
| 临沧市 | 3189 | 1124 | 277 | 495 |
| 楚雄彝族自治州 | 4439 | 1778 | 283 | 949 |
| 红河哈尼族彝族自治州 | 5187 | 2111 | 206 | 709 |
| 文山壮族苗族自治州 | 2825 | 924 | 173 | 473 |
| 西双版纳傣族自治州 | 1388 | 780 | 37 | 109 |
| 大理白族自治州 | 4586 | 1679 | 370 | 1154 |
| 德宏傣族景颇族自治州 | 2612 | 548 | 104 | 577 |
| 怒江傈僳族自治州 | 1523 | 581 | 82 | 138 |
| 迪庆藏族自治州 | 1407 | 737 | 53 | 95 |

### 5.4.3.2 内蒙古自治区公路基础设施智能化增量更新项目

为适应交通运输行业对数据精细化、科学化、智能化管理的新需求,基于现有研发基础,从底层框架开发、数据库设计、数据采集处理、报送流程等方面进行了全新升级改造,为内蒙古自治区建设公路基础设施智能化增量更新系统。

系统采用集中式数据存储管理方式,构建"智能手机端 + 联网桌面端 + 增量更新平台端"的"2 + 1"平台运行框架,进一步完善系统功能,规范系统流程,提高系统的综合分析展示能力和数据处理能力,最终实现用户统一、数据统一、审核统一、汇总统一的"四统一"建设目标,为"以奖代补"等其他业务系统提供有效的数据支撑,实现对公路基础数据库信息化的及时、高效管理。系统包括首页、电子地图、代码管理、数据管理、数据审核、统计分析、应用管理等功能模块,系统功能模块如图5-9所示。

在项目内应用深度神经网络的遥感影像数据,对遥感影像进行识别,提取遥感影像的道路数据,再与农村公路数据进行比较,快速满足项目的业务需求。识别效果如图5-10所示。

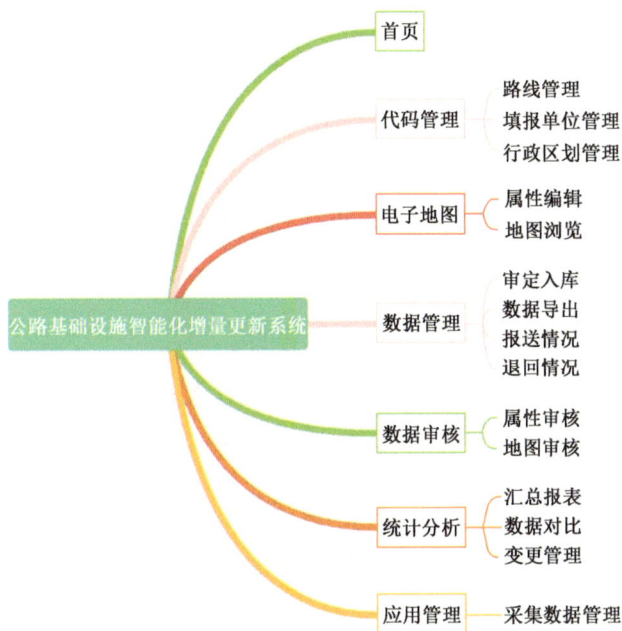

图 5-9　系统功能模块

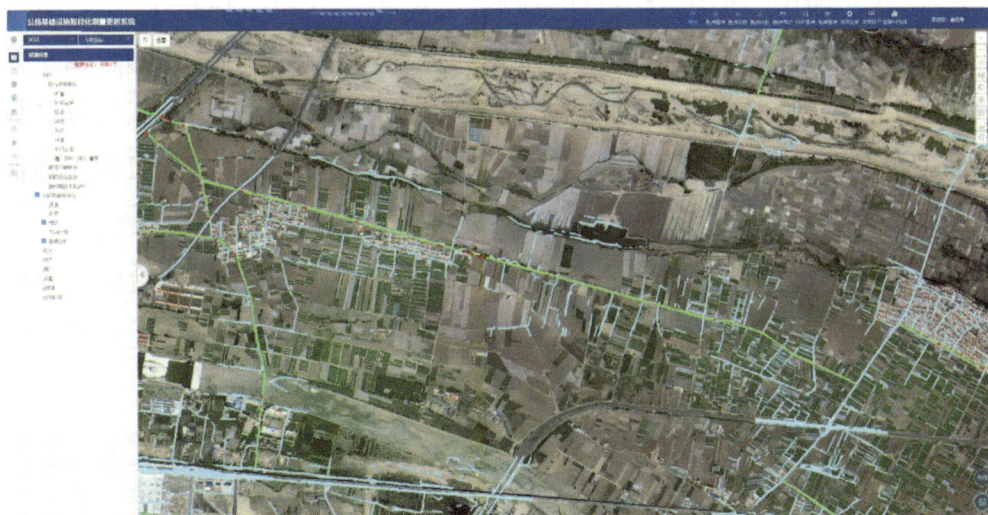

图 5-10　识别效果

### 5.4.3.3　广西壮族自治区土地面积公路密度项目

根据 2019 年交通运输行业统计数据,广西壮族自治区公路水路投资额达到 1028 亿元,在西部省(区、市)中第 4 个达到千亿投资。全区公路总里程为 12.78 万 km,公路密度为 53.80km/100km²,全国排名第 25 位,处于中下游,落后于贵州省(13 位)、湖南省(14 位)、云南省(22 位);广西壮族自治区万人公路拥有量为 25.77km,全国排名第 25 位。此外,根据相关数据统计,截至 2019 年底,广西壮族自治区人口为 4960 万,全国排名第 11 位,广西壮族自治区土地总面积为 23.76 万 km²(80% 属于山地丘陵),全国排名第 9 位。可见,广西壮族自治区的公路规模与全区人口、土地面积分布现状不匹配,落后于全国平均水平,与国内发达地区及湖南省、贵州省、云南省等周边欠发达省份相比,还存在较大的差距。

广西壮族自治区在公路网总规模及其对人口、土地及经济发展等要素的支撑力度方面需要进一步加强。为了加快补齐短板,推动广西壮族自治区公路高质量发展,对全区现有公路里程进行总体性摸底,提出符合发展趋势和客观需要的农村公路网的规模和结构,提升公路网密度,加快普通公路网络化建设。

本项目将高分遥感识别与公路规模测算相结合,运用了连通度法、网络几何学,反映路网与网络各节点的连通性,适用于区划面积较小、规划节点距离较近、地势变化平坦情况下的公路规模评估与发展规模预测。国土系数法从公路网所在区域的面积、人口、经济水平等社会经济指标来计算区域内的理论公路长度,其依据是国土系数理论中的"道路长度与人口和土地面积的平方根及其经济指标系数成正比"要求。

依据遥感影像道路识别的算法模型,提取到的广西壮族自治区可见的线形总里程为 38.5 万 km(不包含城市市区道路),如图 5-11 所示,图中红色为现状数据,蓝色为识别路网。

图 5-11 公路网提取效果图

对影像覆盖区域的地形地貌进行分类,通过对不同地形地貌下影像识别路网与实际公路里程间存在的潜在关联进行分析,再应用高分遥感影像路网规模评估模型,加入各行政区划内已有路网结构、区划地形地貌以及路网分布等指标,对包含通村入组道路的公路网总规模进行估算,从而形成满足业务需求的公路网与土地面积关联模型。

### 5.4.3.4 四川省公路水路投资项目

本项目以投资计划项目为单元,打通了规划管理、计划管理、建设管理、资金管理和统计信息管理间的业务信息壁垒,实现了对公路、水路、站场和支持系统四个领域建设项目全流程业务节点的信息管理和数据共享,确保"数出一源"。同时,汇集日常管理工作形成的业务数据,实现数据的末端填报、逐级审核和自动汇总,以及交通运输部门、财政部门的交换共享和交叉互审,为"以奖代补"考核提供真实、动态的数据支撑。

本项目以遥感影像识别技术为基础,融合普通省道和农村公路建设及养护实际桩号位置,根据现有的基础数据动态获取建设及养护项目的空间位置信息,再通过遥感影像数据识别项目位置情况,从而利用信息化手段解决业务问题,节约人员现场采集与核实的成本。

### 5.4.3.5 陕西农村公路核查项目

根据陕西省提供的 3.5 万 km 村道基础设施数据,应用"遥感影像 + 电子地图"技术手段,采用"内业核查为主,实地抽查为辅"的工作模式,完成数据接收、审核、汇总、分析及核实等工作。实现以现有的工作方式为基础,带动地方各区县完成陕西省基础数据的核查工作,从而夯实陕西省公路基础设施数据质量。

复核工作主要包括以遥感影像为参考基准,判定村道电子地图线形轨迹的准确性,包括失真(实)、轨迹偏差;结合村道基础设施属性数据与遥感影像判定路段的面层类型、路基宽度是否填报准确;对于矢量线形轨迹疑似共线但在基础属性数据中未填报共线信息的路段,与遥感影像比对判定共线信息填报是否准确性。图 5-12 是通过遥感影像识别出来的农村公路与实际线形存在偏差的情况。

图 5-12 农村公路线形局部失真图

表 5-10 是渭南市农村公路与遥感影像识别情况对比表。

**渭南市各县(市、区)遥感影像识别对比表** 　　　表 5-10

| 县(市、区) | 影像识别率大于90% | 影像识别率大于80%且小于或等于90% | 影像识别率大于70%且小于或等于80% | 影像识别率大于60%且小于或等于70% | 影像识别率大于50%且小于或等于60% | 识别率小于或等于50% |
|---|---|---|---|---|---|---|
| 蒲城县 | 79% | 10% | 5% | 2% | 2% | 2% |
| 澄城县 | 77% | 10% | 4% | 3% | 2% | 4% |
| 大荔县 | 75% | 12% | 6% | 3% | 2% | 2% |
| 合阳县 | 72% | 12% | 5% | 5% | 3% | 3% |
| 临渭区 | 69% | 14% | 7% | 4% | 3% | 3% |
| 富平县 | 65% | 15% | 7% | 4% | 3% | 6% |
| 白水县 | 61% | 13% | 12% | 5% | 4% | 5% |
| 韩城市 | 55% | 17% | 10% | 7% | 4% | 7% |
| 华阴市 | 51% | 14% | 10% | 5% | 5% | 15% |
| 华州区 | 47% | 16% | 13% | 7% | 6% | 11% |
| 潼关县 | 30% | 9% | 11% | 7% | 8% | 35% |

### 5.4.3.6 　全国农村公路基础设施管理项目

农村公路基础设施数据报送审核系统是汇总、审核全国各省(区、市)农村公路信息的平台,此平台内应用遥感影像识别技术,每年对全国各省(区、市)报送的农村公路线形数据进行分析,识别线形失真的农村公路,提升农村公路数据质量。

在分布式环境下,应用两台 GPU 高性能服务器,采用多任务调度模式提取全国遥感影像上的道路,耗时 67.6d,再根据提取的道路数据对农村公路线形进行比对筛选,给每条路线赋一个与遥感影像匹配的值,从而提供行业内校正农村公路基础设施数据的技术手段。

### 5.4.3.7 甘肃省自然村组路普查和公路网"一张图"项目

以2017年甘肃省自然村组道路数据和2020年甘肃省养护统计年报、农村公路基础设施统计调查数据为基础,基于高分遥感影像卫星影像,通过智能识别分析技术完成对电子地图数据与高分遥感卫星影像准确性的定量智能识别匹配。共含以下四项关键步骤:

一是卫星影像自动化预处理,主要完成对原始卫星影像的分幅、拼接、匀色等预处理,对较大尺寸的原始卫星影像数据进行转换,满足智能提取路面卫星影像要求。

二是深度神经网络路网识别,采用自主研发的计算机深度神经网络架构,有效消除季节更替、地表类型变化、林木遮挡等干扰因素,过滤其他地物,形成仅包含道路路面的卫星影像。

三是智能矢量路网优化,自动化提取已识别路面的道路中心线,智能化消除相似地物干扰产生的孤立短悬线、衔接短中断,形成该区域衔接完整的矢量网络。

四是路网电子地图与遥感影像匹配评价,将提取的矢量路网与电子地图叠加,对空间位置精度进行匹配情况的质量评价,测算电子地图识别匹配率,生成智能识别结果清单。

### 5.4.3.8 河南省"四好农村路"综合管理系统项目

当前遥感影像识别技术应用主要是道路中心线提取、路面宽度识别和路面材质分析三个方面。

一是道路中心线提取。通过提取道路中心线和行业数据进行线形匹配,有效提高年度公路数据的地图更新效率和对往年线形的核查效率。目前,项目组采用1m分辨率的遥感影像,提取中心线的准确率可达到90%左右。

二是路面宽度的识别。根据路面特征,识别路线的路面宽度,项目组采用1m分辨率的遥感影像识别出来的路面宽度准确率在50%左右,后期通过增加训练样本量,准确度有所提高;采用0.5m分辨率的遥感影像,路面宽度识别的准确率在70%左右;采用0.3m分辨率的遥感影像,路面宽度识别的准确率在80%左右。

三是路面材质分析。采用四个波段分析路面材质状况,准确率在80%左右。

本次参与分析的2022年禹州市公路总里程约为2464.93km,其中农村公路为2015.43km。通过空间分析,88.31%的年报公路在10m范围内能够与影像提取的路线匹配上,其中农村公路的匹配率是88.18%,国省道的匹配率是88.91%。在能够相互匹配的路线中,路面宽度的差异≤0.5m的约有939.54km,占匹配里程的43.16%,其中农村公路928.04km,占匹配里程的52.22%,国省道11.5km,占匹配里程的2.88%。有11.69%的公路没有匹配上影像提取路线。

在线形匹配的基础上,对年报数据与影像识别数据的路面宽度进行了对比分析。同时,为核实年报路面宽度、影像识别路面宽度的真实性与准确度,对年报数据中与影像识别数据能够匹配且匹配长度大于100m的约1654.991km路线进行了抽查,共抽查了107.667km(6.5%)。具体抽查思路为:仅抽查农村公路数据,按照年报路面宽度与影像识别路面宽度的差值区间进行了不同比例的抽查,差值在0~0.5m(含)之间的年报数据共有712.679km,抽查32.219km(4.5%);差值在0.5~1m(含)的年报数据共有324.071km,抽查了11.527km(3.6%);差值大于1m的年报数据共有618.223km,抽查了63.992km(10.4%)。从抽查的结果来看,应用该项技术,从遥感影像识别出来的路面宽度与实际路面宽度对比,准确率达98%。

# 6 综合交通"一张图"设计与实现

## 6.1 系统架构

### 6.1.1 总体架构

按照国家综合交通运输信息平台"五大功能、六个统一"的总体框架,综合交通"一张图"承担"六个统一"中"统一地图服务"的建设任务,将建立集地图数据、地图服务、地图应用、GIS 工具、API 服务等于一体的综合交通基础设施地理信息资源中心。

综合交通"一张图"是基于 GIS 软件二次开发与封装的,为行业提供综合交通基础设施地理服务的应用平台。平台具有数据服务、地图浏览、矢量地图服务、瓦片地图服务、地图应用、GIS 工具服务、API 服务、地理制图、地图模版等功能,实现综合交通地理信息数据汇聚、地理数据自动化处理、数据管理、地图应用、快速切图、图层叠加、地理工具[包括数据格式转换、投影(坐标)转换、缓冲分析、空间分析(相交、合并、重叠等)、拓扑分析等专业的地理处理和分析工具]、智能制图、综合交通地理信息目录服务、综合交通地理信息地图资源服务等,并以资源目录、界面操作方式或程序调用等方式提供给不同类型的用户使用。其中,地图浏览、数据服务、矢量地图服务、瓦片地图服务针对应用者用户;地图应用、GIS 工具服务、API 服务、地理制图、地图模版等服务针对开发者用户。

综合交通"一张图"总体架构如图 6-1 所示。

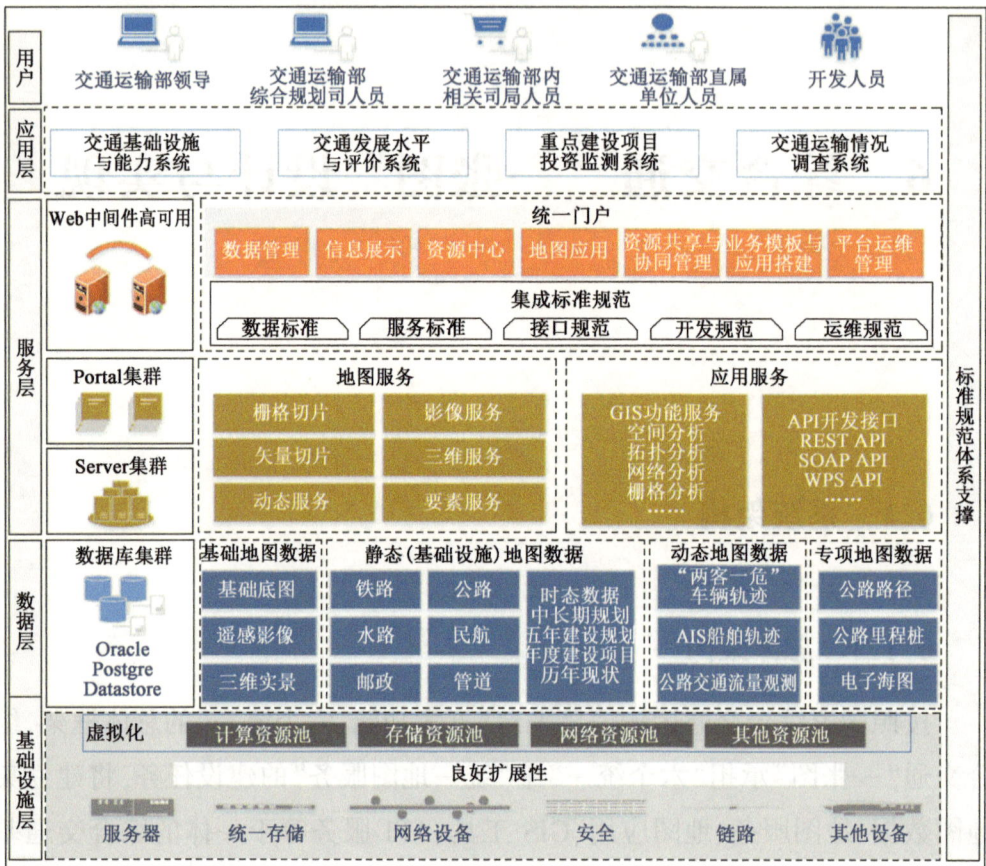

图 6-1　综合交通"一张图"总体架构设计

## 6.1.2　逻辑架构

综合交通"一张图"系统共包括 7 个子系统,直接面向普通用户的是信息展示、资源中心和地图应用 3 个子系统,可以使用系统提供的各类数据服务和地图功能;面向系统管理员的是业务模板与应用搭建子系统和资源共享与协同管理子系统,用于维护系统的功能和服务资源,按需定制各类数据服务和应用系统,并且控制使用权限;最下层的是数据管理子系统和运维管理子系统,面向数据库管理员和运维人员,为系统提供统一的数据支撑和运行保障。

系统逻辑架构如图 6-2 所示。

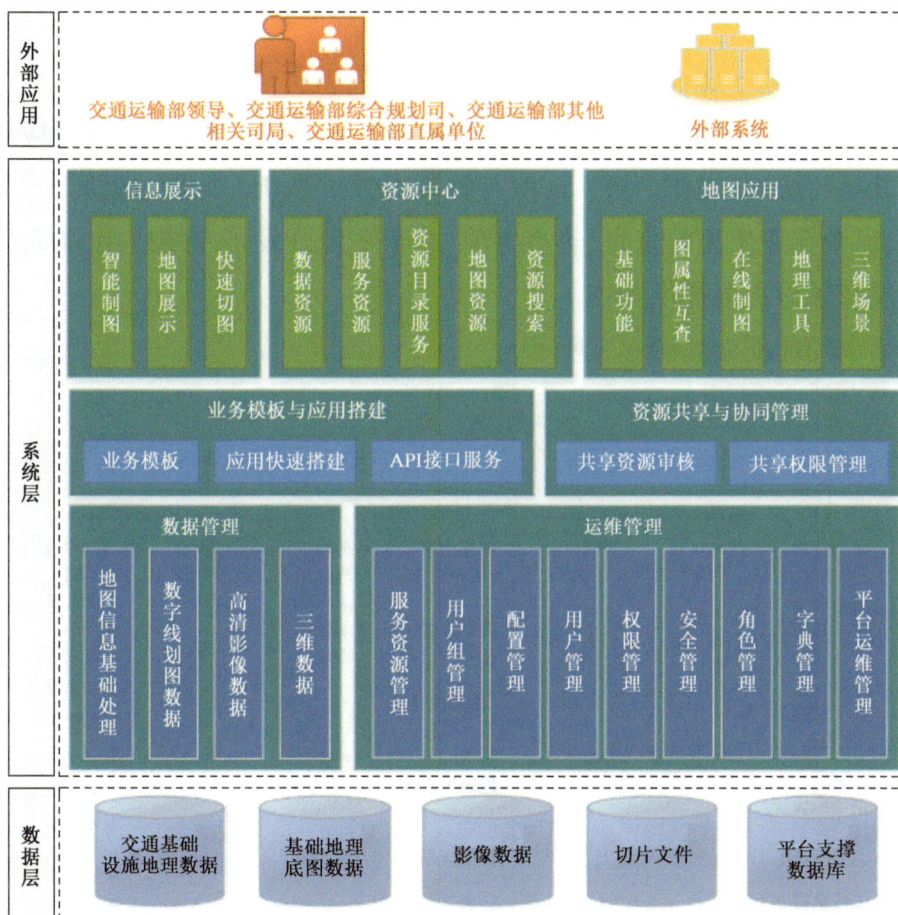

图 6-2　系统逻辑架构

## 6.1.3　业务架构

综合交通"一张图"总业务使用单位包括交通运输部业务处室、直属单位等。

主要业务功能包括资源查询、资源申请、资源浏览、资源审批、系统和服务器运维监控、数据与资源维护。

主要的业务流程包括资源申请单填写、资源申请单审核、资源调用 Token 码分配、资源调用。

## 6.2 系统建设

综合交通"一张图"主体功能主要包括数据管理、信息展示(综合交通"一张图")、资源中心、地图应用(在线制图)、业务模板与应用(典型应用)、资源共享与协同(地图 API)、运维与管理七大子系统。同时,围绕国家重点战略,以及行业关注的重点、热点事项,基于平台开发了专题应用,为部级业务开展及领导决策提供支撑。

系统功能框架如图 6-3 所示。

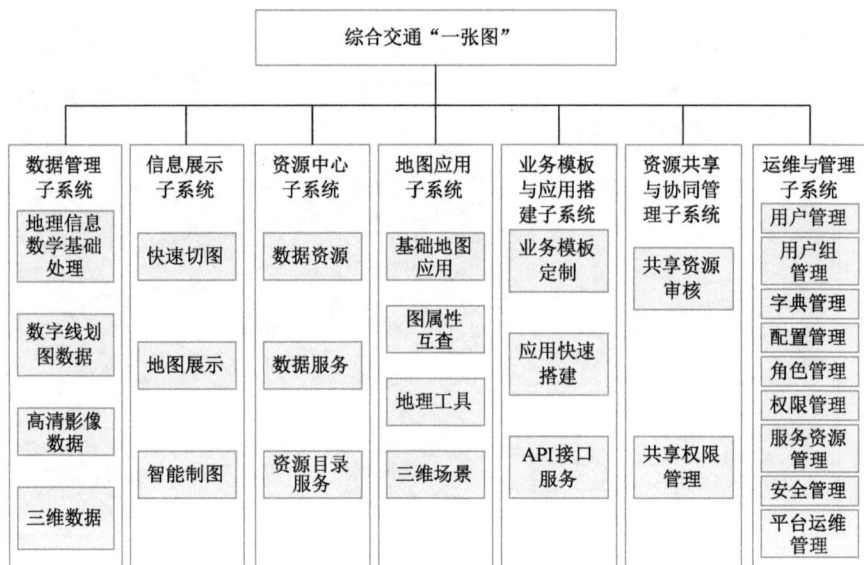

图 6-3　系统功能框架

### 6.2.1 系统主体功能

#### 6.2.1.1 数据管理子系统

数据管理子系统对不同业务归属的地理数据进行数据交换、预处理、入库、管理和维护等操作。综合交通地理信息数据管理是对平台中的地理数据进行管理维护的子模块,对汇聚到平台内的地理信息数据,按业务需求频率(月度、季度或年度)更新各类交通基础地理信息数据。涉及的地理信息数据可按不同方式分类:从类型上分为矢量、栅格、三维、电子海图等数据;从业务上分为公路、铁路、水运、航空、邮政及其他交通地理信息等数据;从属性上分为动态数据和静态数据。

　　数据管理子系统采用桌面端 GIS 二次开发,研发了 61 个功能点,包括资源目录、基础处理、数据质检、数据入库、影像管理、三维场景 6 个模块。该子系统实现了对数据资源的分类管理、数据交换与共享、数据检查、数据入库预处理、数据入库、数据版本管理、资源检索、资源浏览、快速切片、服务发布等业务功能;统一了平台内地理信息数据的数学基础、属性信息结构以及文本标准,保证了数据的质量;实现了对数据的版本管理,提高了数据的独立性,保证了数据的安全。

　　1)资源目录模块

　　资源目录包括数据目录、数据连接管理、统计分析、更新统计和系统目录功能模块,主界面如图 6-4 所示。数据目录按照行业和数据格式两大类对库里的数据进行管理,功能主要包括对目录的增添、删改,对信息的检索以及对数据量、数据记录、文件的统计等。数据连接管理功能模块主要连接存放数据的地址。统计分析功能模块是对已经入库的数据从数据量、数据记录、文件等数量进行分类统计。更新统计功能模块是导入数据后更新数据资源目录,可以更新统计分析界面。系统目录功能模块显示"目录"窗格,可以访问平台中可用项目,无论其位于本地计算机或网络计算机上,还是来自数据库、服务器或组织门户等。

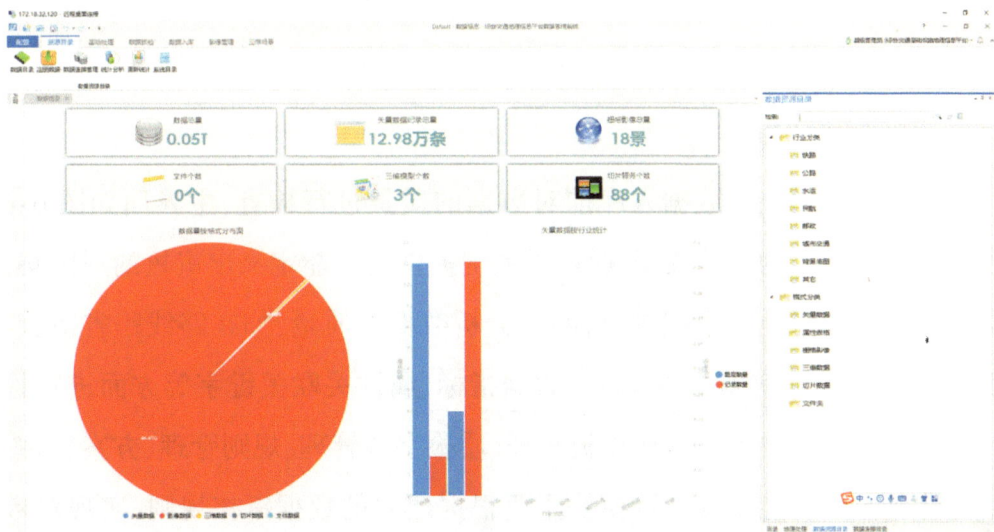

图 6-4　资源目录模块主界面

### 2）基础处理模块

基础处理模块主要是对地理信息数据进行基础处理,包括地理数据定义、数据模板管理、临时库管理、数据转换、投影转换、预处理、数据提取、字段编辑、批量设置字段、字典管理、设置隐私信息、管理隐私保护、安全规则设置等,主界面如图6-5所示。该模块主要实现对数据的定义、字典管理、临时库管理等,以及进行数据格式转换、投影转换、数据提取、数据清洗等对数据的预处理,为数据入库做准备。

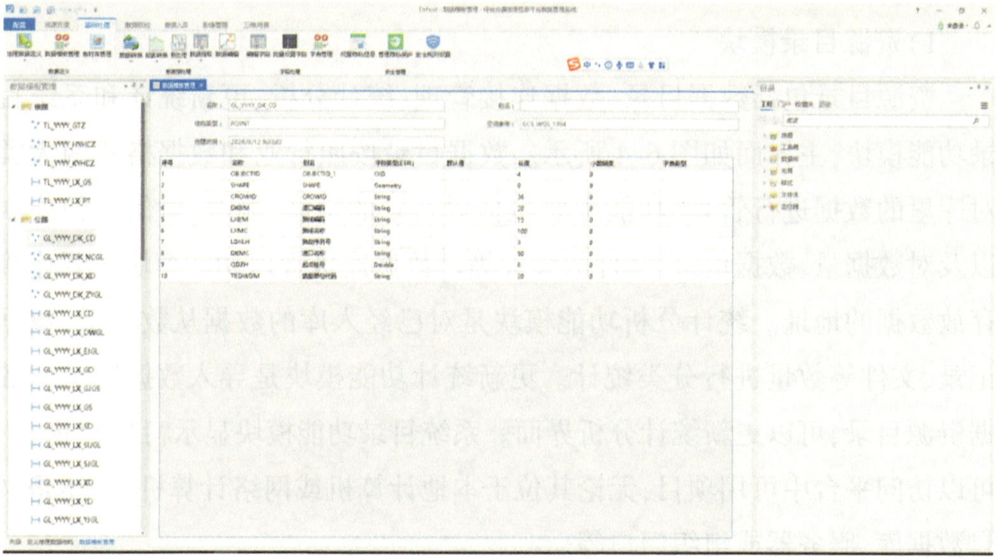

图6-5　基础处理模块主界面

### 3）数据质检模块

数据质检模块在数据入库前对数据的质量进行检查,主界面如图6-6所示。根据现有的基础数据,通过子系统提供的功能定义出审核的规则集,再使用子系统对地理数据进行检查,分析数据的质量,如在路线跨省衔接、路线桩号的连续、桥梁位置变更、数据指标、属性关联关键字等方面进行检查。数据质检模块主要包括模板管理、质检字典管理、规则管理、方案管理、任务管理5个功能模块。该模块主要根据建立的数据审核规则,实现对数据质量的自动检查,保证入库数据的质量。

图 6-6 数据质检模块主界面

4）数据入库模块

数据入库模块对交通基础设施地理数据、基础地理底图数据（二维数据、三维数据、电子海图数据）等地理信息数据按不同类型、不同年份、不同规则整理入库，同时实现对不同种类地理信息数据的分布式存储与管理，主界面如图 6-7 所示。数据入库模块主要包括数据入库、地图配置、发布服务、定时任务管理 4 个功能模块。数据入库实现了本地数据入库操作，支持批量入库，支持数据库内数据更新、归档查询，以及符号管理、地图模板管理、数据源替换、数据发布、快速切图、切片工具、定时任务管理等。

5）影像管理模块

影像管理模块提供一系列功能帮助用户进行影像处理，主界面如图 6-8 所示，用户可按需使用各项功能，无先后顺序。提供的功能包括管理影像镶嵌数据集、以时间轴形式浏览影像数据、覆盖区域管理、影像文件管理、地址索引、影像数据更新、数据交换至镶嵌数据集、更改镶嵌数据集方案、分析镶嵌数据集、构建边界、计算像元大小、平衡镶嵌数据集色彩、定义镶嵌数据集 NoData、删除镶嵌数据集、导出镶嵌数据集几何、镶嵌数据集转移动镶嵌数据集等。影像管理模块对不同的影像数据进行管理，涉及高分二号、高分一号和北京二号等卫星不同时间段、不同精度的影像数据,为影像创建金字塔索引,提高影像显示的速度。

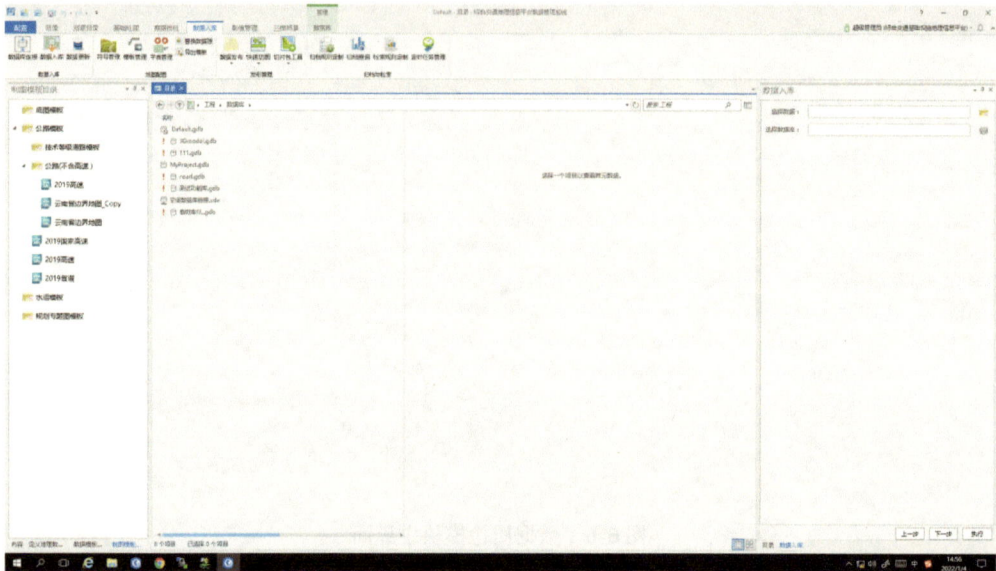

图 6-7　数据入库模块主界面

图 6-8　影像管理模块主界面

6)三维场景模块

三维场景模块包含三维数据目录、导入 3D 数据、数据转换、3D 要素分析、可见性分析、书签、Web 场景、三维测试 8 个功能模块,主界面如图 6-9

所示。该模块可实现三维数据的入库、导入、空间分析以及三维场景的创建。

图6-9 三维场景模块主界面

## 6.2.1.2 综合交通"一张图"子系统

综合交通"一张图"是综合交通基础设施地理信息平台各类资源的综合展示窗口,包括基础地图应用、图属性互查、地图工具、辅助工具4个模块。该子系统可对平台不同专题的不同图层进行可见性的控制,也可以对图层进行图属性互查控制。支持地图展示,不仅提供了智能搜索、公路定位、测量、地图打印等辅助工具,也提供了罗盘仪、放大、缩小、倾斜重置等地图工具,同时提供"天地图"影像地图、"天地图"矢量地图、中容影像地图等5种地图类型的底图切换功能,实现了与自然资源部的"天地图"系统全面融合。

综合交通"一张图"不仅可以实现对现有图层的属性信息进行查询,也可根据属性查询定位到地图。用户在查看地图作出决策时,可以利用空间分析功能筛选大量的数据,并将其条理清晰地呈现在地图中,同时可以量化数据模式和关系,并将结果以地图、表格和图表的形式显示出来,以起到为用户决策提供有力依据的作用。

该子系统实现了以三维、二维两种模式对各类基础设施信息的同图管理、展示,两种展现形式均可灵活、任意地漫游、放大和缩小,并可自由叠加显示公、铁、水、航、管道的中长期规划、"十三五"规划及现状数据,实现了综合交通基础设施全要素信息的灵活组合、图数联动,以及对规划、计划、建设、现状、历史全周期数据的展示等。

1)基础地图应用模块

基础地图应用模块提供常规的地图操作功能,包括地图基础功能、内容搜索、图层叠加、底图切换、专题叠加、三维浏览等功能,满足日常对地图的使用需求。数据根据专题类型划分为行业现状(公路、铁路、水运、民航、邮政)、"十三五"时期建设规划、中长期建设规划、重大战略、重点区域、重点建设项目、业务相关资源,根据数据类型又可分为二维数据和三维数据。

2)图属性互查模块

图属性互查模块方便用户在浏览地图时获取具体基础设施的详细信息,既可以图查属性(即在地图上通过选择地理要素查看其属性),又可以属性查图(即通过查询关键字在地图上自动定位满足条件的地理要素)。图属性互查模块包括查询属性、自定义地图上展示属性结果、智能属性搜索、多要素地图定位、要素高亮、详细属性信息浏览、钻取属性信息共 7 个功能模块。

图 6-10 所示为查询后叠加遥感影像的公路属性,相关的属性信息显示在界面的右上方,右下方是当前对象的相关属性。

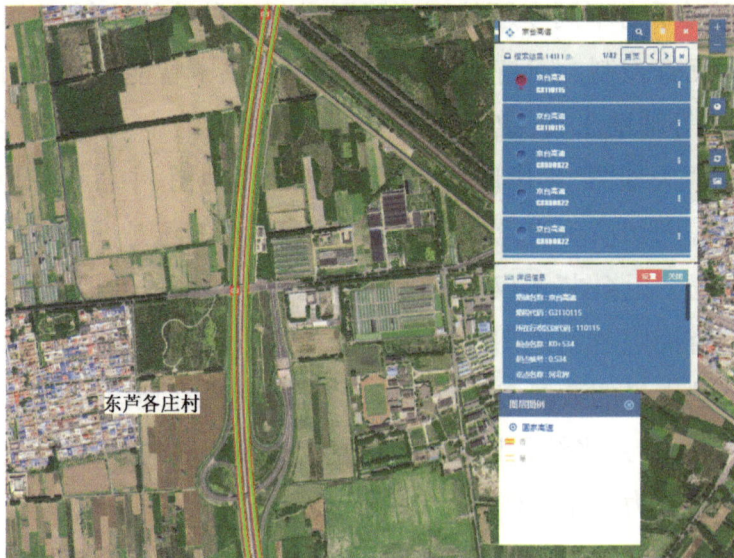

图 6-10　图属性互查主界面

### 3）地图工具模块

地图工具模块提供罗盘仪、缩放、倾斜重置、二/三维切换、地形切换、三维场景、默认视图、图例等多种工具，辅助用户浏览空间数据，主界面如图6-11所示。

### 4）辅助工具模块

辅助工具模块包含智能搜索、公路定位、区域定位、地图标绘、打印、个人中心、主页等多个实用性工具，辅助用户对地图的探索和输出，使用户的体验感得到大幅度提升，主界面如图6-12所示。

图6-11 地图工具主界面

图6-12 辅助工具主界面

## 6.2.1.3 资源中心子系统

资源中心子系统提供关于综合交通基础设施地理信息的各类资源，主要包括数据资源、服务资源、地图资源等。资源中心具备关于综合交通基础设施地理信息的各类资源的查询、浏览、展示、资源申请与共享等共25个功能，可以按照多个维度检索平台中的任意资源，并进行资源的详情查看、预览、申请等操作。

### 1）资源中心功能

资源中心集中展示平台内所有资源，是对外提供统一地图服务的窗口。用户通过资源中心可根据所需迅速查找、定位资源，预览资源内容、了解资源的详细信息，提出资源申请，获取调用资源的权限。

资源中心提供了四种维度的资源分类方式，分别是行业分类、来源分类、专题分类、标准分类（图6-13）；同时提供四种资源检索方式，分别是单个目录检索、多维目录检索、关键字检索和目录与关键字组合检索。资源展示功能可以根据访问量和发布时间进行排序，用列表或者图表的方式进行展示。对资源进行展示时，会显示出每个资源服务的缩略图、名称、发布者、日期、浏览数、属性信息等。同时，打开资源服务详情页面，发布者以及管理员可对资源服务进行编辑、删除、共享等操作,已获得服务授权的用户可在地图查看器中打开资源服务,并基于应用模板或者应用构建器创建应用程序,提供类似服务的推荐。

标准分类(261)

WMTS(221)
WMS(220)
WCS(0)
WPS(0)
栅格切片(221)
矢量切片(17)
动态服务(220)
要素服务(0)
影像服务(4)
三维服务(6)
GIS功能服务(9)
WFS(0)

行业分类(244)

铁路(17)
公路(146)
水运(19)
航空(7)
邮政(2)
管道(3)
城市交通(1)
其他(13)
背景(38)

来源分类(254)

部综合规划司(61)
通信信息中心(7)
部公路局(91)
部海事局(3)
部规划院(2)
部交科院(100)
部公路院(2)
中咨数据(1)

专题分类(229)

行业现状(186)
中长期规划(16)
十三五规划(11)
重大战略(10)
重点项目(6)

图 6-13　数据资源分类目录

资源申请

申请人: 交科院普通用户
资源标题: 高速铁路_2017年
资源地址: https://ctsmap.catsic.com/ctsmaps/rest/services/TL
资源描述: 2017年高铁线
申请单位: 部交科院
申请时间: 2020-05-22 11:14
申请理由:

关闭　确定

图 6-14　资源申请界面

**2）资源申请**

用户可通过资源中心申请资源,资源申请界面如图 6-14 所示。资源申请采用三级审核规则,资源申请流程如图 6-15 所示。

正在申请中的资源可以在个人中心-我的内容-审核中查看。审核通过后,会在页面右下角收到系统消息(图 6-16)。

**3）资源共享**

管理员可对资源中心中的服务资源进行权限分配,实现资源共享。提供单个资源权限分配和批量资源权限分配功能,界面如图 6-17、图 6-18所示。

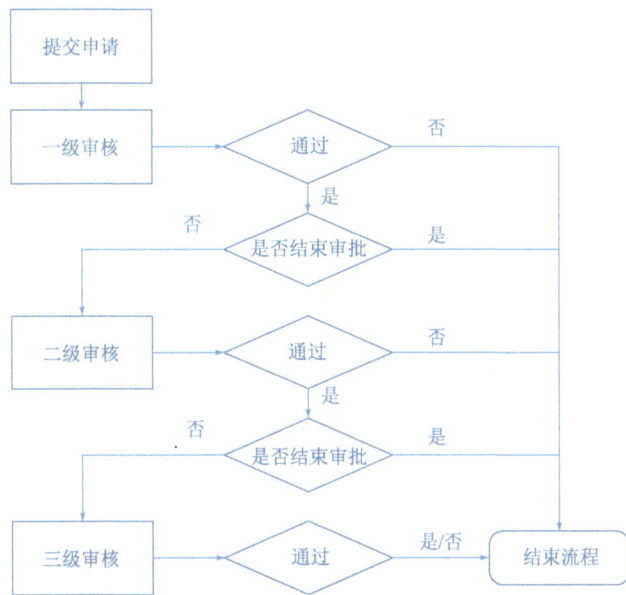

图 6-15　资源申请与审核流程图

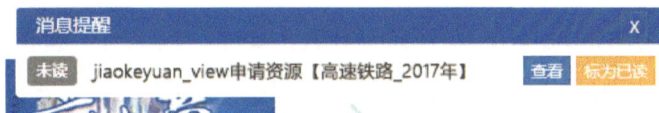

图 6-16　资源申请审核通过提示

图 6-17　资源权限分配对象

图6-18　批量资源选取

#### 6.2.1.4　在线制图子系统

在线制图子系统主要为用户提供在线的专题制图服务。用户可直接检索、调用平台资源中心内的所有资源,同时还支持用户调用自有数据(包括矢量数据、格式化文本数据等)、Web 服务等,提供个性化的定制符号化功能,支持快速灵活的地图渲染方式,图层上的符号、大小、颜色、标注形式等制图要素均可按需调整,支持属性钻取和快速出图。该子系统研发了在线标注、GIS 分析、个性化设置、快速出图等专题图制作功能,实现了专题图快速制作,满足了弱 GIS 用户制作专题图的需求。

#### 6.2.1.5　典型应用

典型应用是基于本平台提供的资源、模板,无须开发人员编写代码,便可构建二维或三维地图,包括具有一定功能的应用程序。典型应用集中展示运用该方法生成的应用程序,目前包括快速出图、东部新区县道网规划、四川农村公路规划、大邑县县道网规划、木里县县道网规划、泸县县道网规划、灾害预警专题,如图6-19所示。

图6-19　典型应用主界面

### 6.2.1.6　地图 API

平台提供业务模板定制、应用快速搭建等功能,以应对不同的业务问题,并提供 API 接口服务,为平台用户提供接口服务和二次开发的帮助文档。基于本平台资源,围绕行业业务管理、重点工作、专题研究等,研发相应的专题,进行数据分析和展示,为决策的准确性、权威性和前瞻性提供有力支撑。平台已开发 23 个应用专题,涵盖行业发展规划、交通专项资金建设项目进展、监测评价、重点工作动态跟踪、辅助交通强国研究、业务管理等多个方面。

### 6.2.1.7　运维管理子系统

运维管理子系统共有服务管理、安全管理、系统监控、日志管理、统计分析、系统配置 6 个模块。该子系统能够对平台运行情况及服务访问情况进行全方位的监控。能够实时查看服务的运行状态、在线用户访问情况,监控各类用户的服务调用、并发访问、热点服务发现等内容;能够统计、分析服务调用状态(调用时间、调用次数),跟踪服务使用流程,以便对服务内容和服务性能等方面进行优化调整。能够监控当前的请求列表,实时掌握服务的请求访问情况;监控平台的软硬件状态,包括 CPU 使用情况、网络情况、应用服务器的各种性能指标、数据库服务器性能等;通过黑名单监控能够及时发现并处理用户的恶意访问行为,并对恶意访问及系统异常情况及时报警,保障平台安全稳定运行。系统监控机制如图 6-20 所示。

该子系统实现了对用户、数据、服务进行授权管理,对服务器运行状态、服务运行状态、系统安全进行监控、跟踪,及时发现异常情况并进行处理,保障服务运行稳定、畅通,主界面如图 6-21 所示。

## 6.2.2　专题应用

基于本系统资源,围绕行业业务管理、重点工作、专题研究等,研发涵盖行业发展规划、交通专项资金建设项目进展、监测评价、重点工作动态跟踪、辅助交通强国研究、疫情保障、业务管理等多个方面的专题应用,进行数据分析和展示,为决策服务提供支撑。

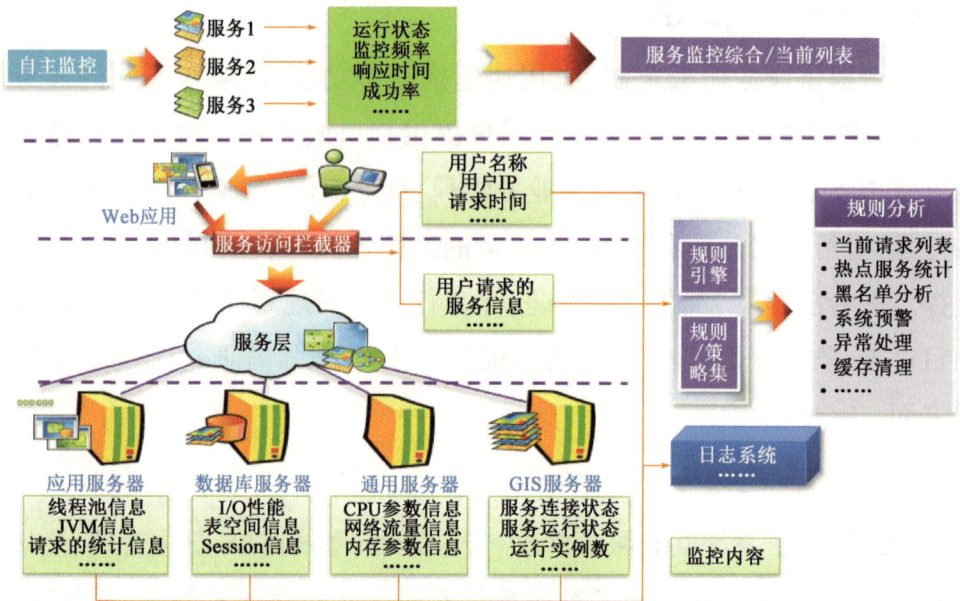

图 6-20　系统监控机制

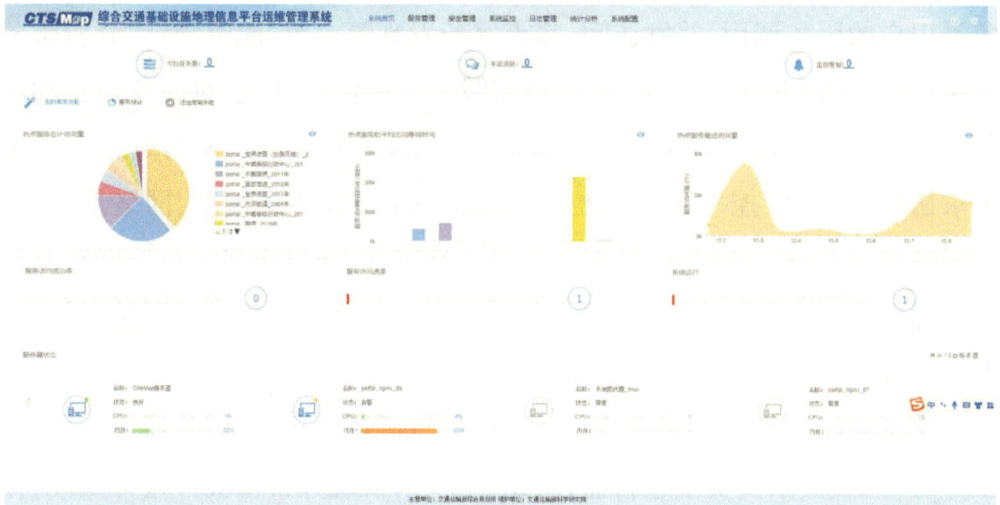

图 6-21　运维管理子系统主界面

## 6.2.3　地图服务及 API 成果

1）地图服务

系统提供服务类型包括栅格切片服务、Web 地图瓦片服务（WMTS）、动态服务、网络地图服务（WMS）、影像服务、三维服务和 GIS 功能服务等（图 6-22）。服务涵盖铁路、公路、水运、航空、邮政、管道、城市交通等

（图 6-23），覆盖行业现状、中长期规划、"十三五"规划、重大战略和重点项目等综合交通基础设施全生命周期（图 6-24）。

892

内容总量

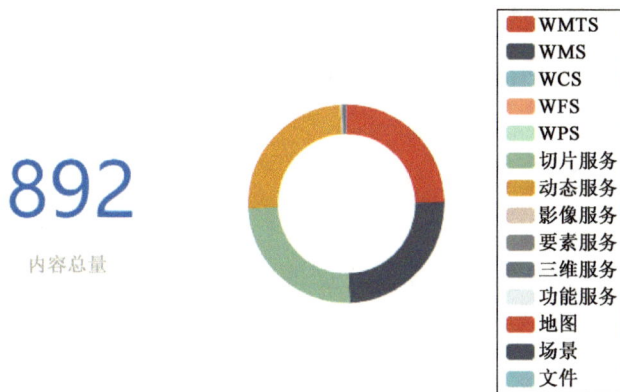

图 6-22　服务类型

246

内容总量

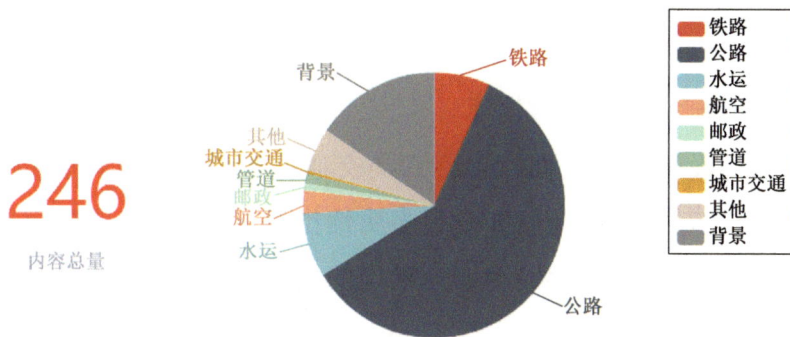

图 6-23　行业分类

229

内容总量

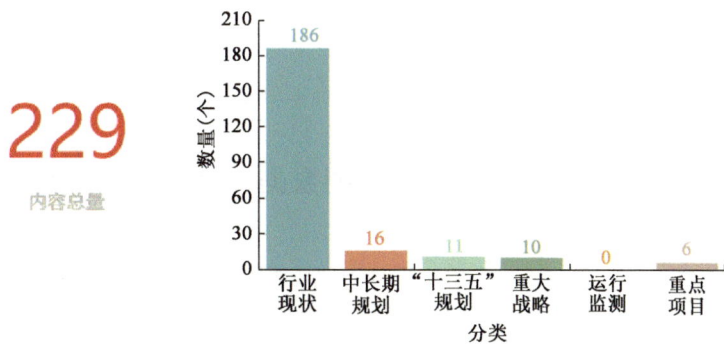

图 6-24　专题分类

2）地图 API

平台提供了空间定位接口、坐标投影操作接口、空间查询分析接口、标准服务展示接口四大类总计 30 个 API 接口。平台中每一个 API 接口服务都提供在线示例，包括简介、调用演示和示例代码。

## 6.3 数据库建设

综合交通基础设施地理信息数据库包括交通基础设施地理数据库、交通基础设施地理属性数据库、基础地理底图数据库、影像数据、切片文件 5 个子数据库。其中，交通基础设施地理数据库、交通基础设施地理属性数据库将在部级交通运输数据资源共享与开放应用平台已汇聚的各类基础库基础上完善形成。基础地理底图数据库、影像数据、切片文件则为新建数据库。

1）交通基础设施地理数据库

交通基础设施地理数据库包括六类交通基础设施共 46 种基础设施的地理数据，每类基础设施要素涉及很多属性指标，为了提高地图的浏览查询效率，在地理数据库中仅存储少部分常用的指标，其他的基础指标均存储在属性库内。

2）交通基础设施地理属性数据库

交通基础设施地理属性数据库存储着业务数据和少量地理信息属性数据，少量的地理信息属性数据在与属性数据进行交互检索与查询时使用。

3）基础地理底图数据库

基础地理底图数据库存储二维底图数据、三维地貌数据、电子海图数据等。

4）影像数据

不同精度以及 2.5m、2.1m、0.5m 等不同分辨率、不同区域的影像数据，以文件形式存储，并在数据库建立文件索引。数据库内建立索引见表 6-1。

**影像数据库建设内容：影像索引数据**　　　表 6-1

| 数据类 | 主要数据内容 |
|---|---|
| 影像索引数据 | 影像数据格式、影像传感器类型、影像时间、影像多边形、经纬度、影像面积 |

5）切片文件数据

矢量地图切片：矢量地图切到 19 级的切片文件。

0.5m 分辨率影像切片：对 0.5m 分辨率影像进行切片的切片文件。切片数据以文件形式存储，并在数据库内建立索引见表 6-2。

**影像数据库建设内容：文件索引数据**　　　表 6-2

| 数据类 | 主要数据内容 |
|---|---|
| 文件索引数据 | 切片图片名称、切片位置、切片中心经纬度、切片比例尺、切片文件格式 |

### 6.3.1　数据库概念模型设计

数据库概念模型设计如图 6-25 所示。

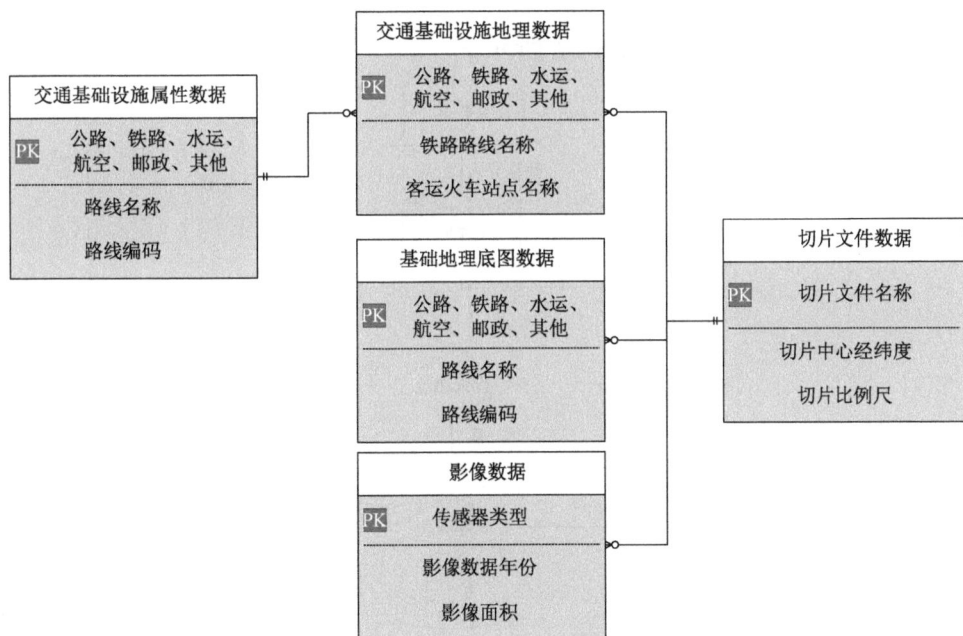

图 6-25　数据库概念模型设计

### 6.3.2　数据库整体架构

数据库整体架构如图 6-26 所示。

145

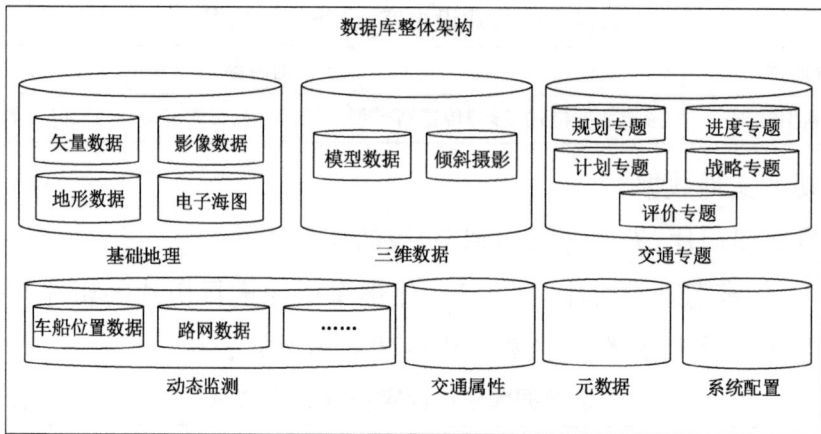

图 6-26　数据库整体架构

### 6.3.3　数据入库流程

数据入库流程包括制定数据标准、数据采集、数据检查及预处理、公路数据二次加工、数据入库等步骤。

经过数据检查和预处理的数据以及二次加工后的数据要存入数据库统一管理。数据入库流程如图 6-27 所示。

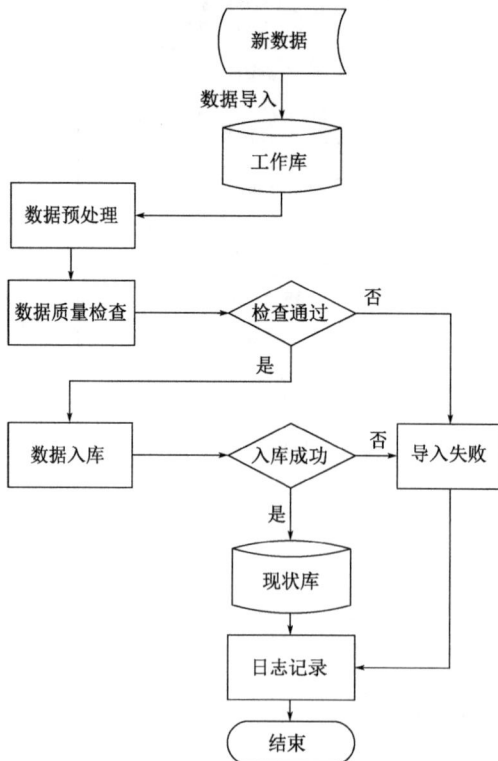

图 6-27　数据入库流程

## 6.3.4 数据库实体关系图(E-R 图)

数据库 E-R 图如图 6-28 所示。

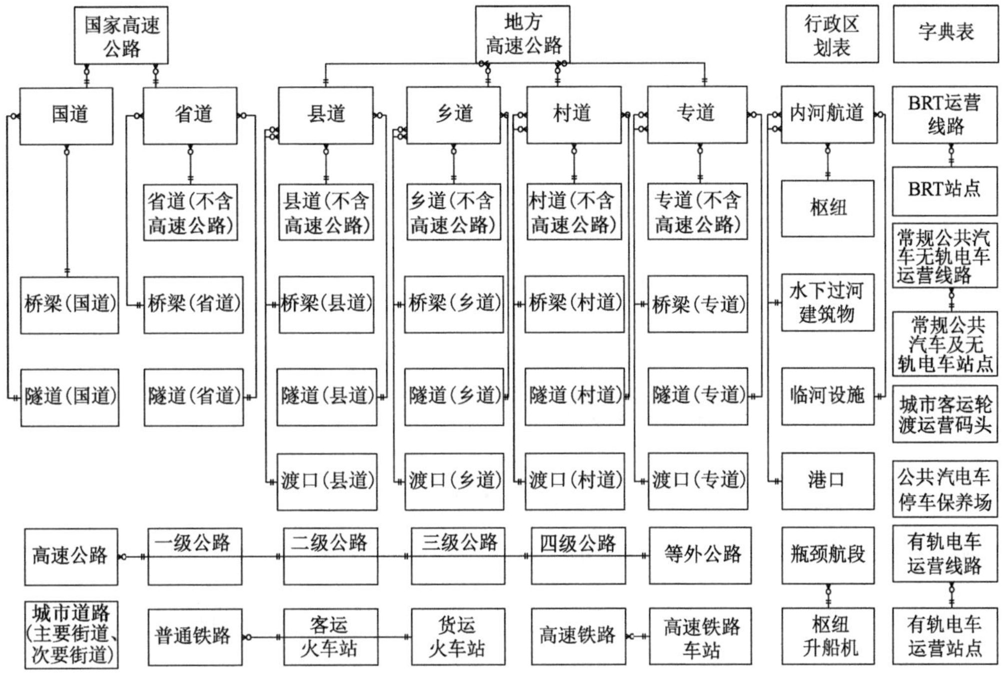

图 6-28 数据库 E-R 图

# 7 综合交通"一张图"应用案例分析

## 7.1 交通基础设施规划

在交通基础设施规划方面,"一张图"能帮助规划者全面了解交通网络现状,包括公路、铁路、水路和航空等不同运输方式的线路分布、站点位置等,从而精准规划或优化交通线路,避免重复建设,提高线路连通性。

下面介绍四川省泸州市泸县农村公路网规划案例。

### 7.1.1 规划背景与目的

泸县位于长江、沱江交汇区,地处成渝经济区环渝腹地,西南出海大通道桥头节点。四川省已逐步完成了国省道规划布局调整,需要进一步开展农村公路网规划布局工作,以将农村公路与已经完成的高速公路网、普通国道和省道的调整方案进行衔接,优化地区农村公路网规划布局和功能定位。泸县农村公路网构建面临的主要问题是如何推动农村公路与国省道的充分合理衔接,如何打通县与县之间、乡与乡之间、村与村之间的道路联系,如何将通村公路延伸至建制村周边村民组等,达到整合交通资源、强化区域联动、保障群众出行、促进经济发展的目的,同时也为更好推进"四好农村路"建设奠定基础。

### 7.1.2 系统功能与数据分析

1)现状问题分析

在系统中融合全市农村公路网和乡镇、建制村数据,基于系统功能对全市农村公路的路网规模、路网密度、路网结构、空间布局及连通性进行分析，发现当前农村公路网存在的问题。

（1）路网规模：全县农村公路总里程达到2533km，其中县道里程339km，乡道556km，专用公路19km，村道1619km。

（2）路网密度：县道网密度为0.22km/km²，乡道网密度为0.36km/km²，村道网密度为1.06km/km²，县乡路网密度偏低。

（3）行政等级：县乡村道比重分别为13.5%、22.1%、64.4%，县乡道比例偏低，结构失衡。

（4）技术等级：县道三级以上公路比重为33.6%，乡道四级以上公路比重为89.2%，等级路比重为77.0%，部分农村公路等级偏低。

（5）覆盖率：泸县农村公路重要节点县道以上覆盖率为90.2%，一般节点乡道以上覆盖率为37.1%，节点覆盖率有限。

（6）连通度：重要节点县道连通度为1.87，一般节点乡道连通度为1.49，重要节点县道连通度、一般节点乡道连通度偏低。

2）路网规划方案制定

在系统中根据县道、乡道服务的乡镇、建制村节点情况进行规划节点分析，确定节点类型和数量。结合规划目标，预测2035年县道网、乡道网规模。根据预测的路网规模和节点分析情况，制定路网规划方案。

（1）节点分析：泸县共有19个乡（镇），其中有10个已经通国（省）道，剩余9个尚未通国（省）道。无重要交通节点。有3个重要旅游节点，其中1个已通国道。有10个重要经济节点，其中2个已通国道。因此，需要县道服务的重要节点数共计19个。泸县共有251个建制村，其中有83个已经通国（省）道或县道，剩余168个未通。有1个一般交通节点，已通县道。有9个一般旅游节点，其中3个已通省道或县道。有53个一般经济节点，其中3个已通省道或县道。因此，需要乡道服务的节点数共计224个。

（2）路网规模预测：根据县道服务于重要节点（19个，含乡镇、文化旅游节点和经济节点），根据地形条件，建议泸县县道连通度取值2.8，路网变形系数取值为1.4，确定县道规划规模值约为700km、乡道规模约为1190km。

（3）行政等级：县、乡、村公路比例约为2:3:5，县乡公路占农村公路比重超过45%。

（4）技术等级：技术水平得到提升，全县所有乡镇节点将实现三级及以上公路联通；所有建制村和其他重要节点将实现四级及以上公路联通；村道基本达到四级公路水平。

（5）覆盖率：基本消除现有断头路，所有乡镇节点实现县级公路联通，所有建制村实现乡级公路联通，县、乡、村三级公路逐级成网。

（6）连通度：乡镇节点县道连通度达到2以上，建制村乡道连通度达到1.5以上。

根据上面分析结果，规划县道36条，里程达726.597km；乡道208条，里程达1203.97km；村道3332条，里程达3116.706km。

3）规划方案分析

将规划路线与原路网进行叠加分析，对路网密度、路网覆盖度、路网结构、路网通达性等方面进行分析，查看路网规划实现后这些指标的提升情况。

（1）路网规模密度分析：从规模来看，县道网规模从目前的339km提升至727km，乡道网规模从目前的556km调整至1204km。县乡道路网密度进一步提高；县道路网密度从现状的0.222km/km² 提升至0.476km/km²，乡道路网密度从现状的0.364km/km² 提升至0.786km/km²。

（2）路网结构：从路网等级水平来看，所有县道均按三级公路进行规划，乡道和村道均按四级公路进行规划，农村公路网等级水平大幅提高。

（3）覆盖率：从节点覆盖率水平来看，重要节点的县道覆盖率和一般节点的乡道覆盖率大幅提升。其中，乡镇、重要交通节点、旅游节点、经济节点的覆盖率从90.23%提升至100%；建制村、一般交通节点、旅游节点、经济节点的覆盖率从37.05%提升至100%。

（4）路网通达性：从路网连通度水平来看，在整体路网连通度水平基本未发生变化的情况下，县道和乡道的连通度得到大幅提高。其中，乡镇等重要节点的县道连通度从2.17提升至2.92，建制村等一般节点的乡道连通度从1.89提升至2.71。

（5）通达时间：从节点通达距离和时间分析，节点（一般节点）到达干线公路(县级以上公路)的平均距离和时间有明显降低,由 1.7km、5min 降为 1.3km、4min。节点到达干线公路后再到达主城区的平均距离和时间大幅降低,由 10km、19min 降为 9km、14min。

### 7.1.3 规划结果展示

将规划路网与原路网进行叠加展示,利用卷帘对比功能,对比查看规划前后的效果。可以看到,路网密度增大,路网覆盖率大大提高,节点之间的路径距离缩短,实现了路网规划的目的。

## 7.2 规划目标测算和完成情况跟踪

在规划目标测算方面,"一张图"凭借其 GIS 技术和地理信息数据优势,能够对现状情况进行分析,以及对规模进行预测,实现对规划目标的测算和跟踪。

下面介绍乡镇通三级及以上公路规划目标测算和完成情况跟踪案例。

### 7.2.1 构建全国三级公路网

基于"一张图"系统,融合了 2020 年公路数据、乡镇位置数据,基于连通性,构建了全国三级及以上公路网。

### 7.2.2 测算乡镇通三级及以上公路连通率

在系统内,基于全国三级及以上路网图、乡镇位置图,对乡镇通三级及以上公路连通率进行测算,以乡镇与三级及以上路网的距离为指标,运用 GIS 距离分析技术分别对 0m、100m 内、500m 内、1000m 内、3000m 内和 5000m 内几种情况进行测算,获取不同条件下的三级及以上公路的连通现状,经反复测算,最终确定统计指标,为交通运输部作出相关决策提供支持。

### 7.2.3 完成情况跟踪

基于每年报送的统计数据和普通省道和农村公路"以奖代补"数据,在"一张图"系统内更新路网数据、乡镇数据等,对完成情况进行跟踪、展示,查看任务进展情况。

## 7.3　交通重点项目进展监测

在交通重点项目进展监测方面,"一张图"能够提供项目位置信息、项目进展属性信息等,根据这些信息可以对项目进展绘制画像,快速了解项目的进展情况,跟踪项目建设异常情况,同时还可接入项目施工现场摄像头,实时查看项目进展情况,对项目进展进行实时监测。

下面介绍"G2518 深圳至中山跨江通道"项目案例。

### 7.3.1　项目基本情况

G2518 深圳至中山跨江通道,是广东省境内连接深圳市和中山市以及广州市的跨海通道,是世界级"桥、岛、隧、水下互通"跨海集群工程,也是构建粤港澳大湾区综合交通运输体系的核心交通枢纽工程,是国家交通重点建设项目,总投资约 447 亿元。该项目于 2016 年 12 月 28 日开工,2023 年 11 月 28 日完成深中通道海底隧道全线贯通,2024 年 6 月 30 日通车试运行。在项目建设过程中,基于"一张图"对该项目进展情况进行了全方位的监控与追踪,做到实时掌控项目进展情况。

### 7.3.2　项目数据融合

在系统中融合项目的地理信息数据、属性数据、规划数据、计划数据、进展数据、施工现场数据等,基于系统功能对项目进展绘制画像,并持续更新项目进展情况。

### 7.3.3　项目进展监控与追踪

(1)项目信息查询。可以在系统内查询项目的规划信息、计划信息以及基本信息,如图 7-1 所示。

(2)项目进展情况查看。在系统中,基于项目地理信息数据、项目进展数据,可以通过图、表等方式查询项目资金到位、项目进展、形象进度等情况,表格方式查询界面如图 7-2 所示。

图 7-1　项目信息查询

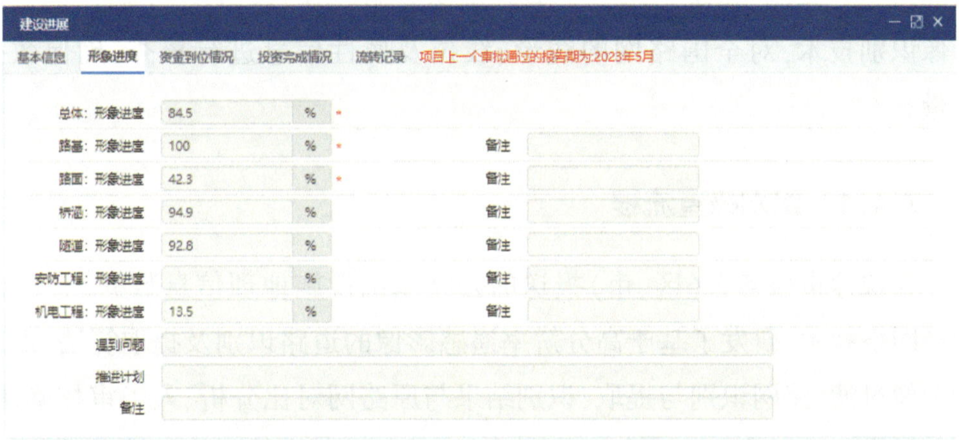

图 7-2　2023 年 6 月项目进展情况查询(表格方式)

(3)项目施工现场监控。在系统中接入项目施工现场摄像头,可以对项目施工现场进行实时监控。

在"一张图"系统中接入了该项目的 6 个施工现场摄像头,摄像头可拍摄施工现场实景,如图 7-3 所示。

图7-3　项目施工现场监控

## 7.4　路网核查

交通运输部发布了《交通运输部门统计调查制度》《公路养护统计调查制度》《农村公路基础设施统计调查制度》，以推动国省干线、农村公路等基础设施年度更新工作。为审核各省(区、市)报送的交通基础设施电子地图情况，在"一张图"系统中融合了遥感影像数据、路网数据，基于研发的遥感影像识别技术，对全国路网的线形、线位及属性信息进行核查，确保数据质量。

### 7.4.1　路网核查流程

为快速审核各省(区、市)报送的公路基础设施地理信息数据，引入 AI 神经网络技术，研发了基于高分辨率遥感影像的道路识别及提取算法，形成了影像过滤、路网识别与提取、识别结果与原路网对比分析、人工审核确认、更新样本和路网这一快速路网核查流程，大大提高了路网核查效率，提升了数据质量。路网核查详细流程如图7-4所示。

### 7.4.2　基于高分辨率遥感影像的路网提取及处理

在"一张图"系统中，研发了基于高分辨率遥感影像的路网自动提取功能，并运用 GIS 技术对提取出的结果进行数据处理，获取新的路网数据。

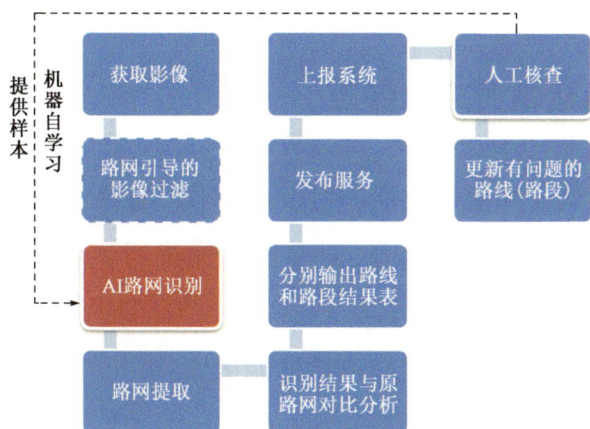

图 7-4　基于 AI 的路网核查流程

### 7.4.3　道路属性提取

在进行影像识别的同时,还基于影像对道路的路面宽度、路面里程和路面类型进行提取,获取道路的相关属性,可以识别路面类型是沥青、水泥还是简易铺装路面。对全国所有公路网进行识别,对于沥青、水泥路面的识别准确率在80%以上。

### 7.4.4　对比分析

将提取的路网与报送的农村公路数据进行对比分析,基于提取的数据构建识别缓冲区,落在缓冲区内的报送数据判定为一致,否则判定为不一致,形成红绿图,其中绿色代表两个数据一致,红色代表不一致。

### 7.4.5　人工审核

将识别结果分发至数据采集单位,结合实地勘查进行人工审核,并将审核结果反馈至系统,同时将识别有问题区域的影像发送至系统,影像将自动进入样本库中,用于机器自学习,提高识别率。

### 7.4.6　对比查看

在"一张图"系统中,还可对原始报送数据、比较结果红绿图、遥感影像以及路段属性进行卷帘对比查看,或以四屏联动等方式进行对比查看,辅助进行快速人工复核、确认。

## 7.5 交通运输调度和保障

在交通运输调度和保障方面,利用"一张图"的综合交通地理信息、人口分布、出行需求、热点区域等信息,对交通运输进行调度,提前做好预案,保障交通有序运行。

下面介绍新冠疫情期间的交通运输调度案例。

### 7.5.1 背景

新冠疫情防控初期,为对离鄂通道加强管控,需要对离鄂路线进行分析,明确风险防控点;复工复产时期,为服务复工复产做好交通运输服务保障,需要对离鄂返鄂人员的运输进行提前分析研判。

### 7.5.2 手机信令数据清洗

采用基于距离聚类的手机信令数据清洗算法,对 200 多万条手机信令轨迹点原始数据进行了处理,主要处理数据基站位置不准、基站之间的边坡效应、主动被动技术性数据异常、跨域数据不完整等技术问题造成的手机信令数据质量问题,对数据进行处理,为数据分析、复盘和推演提供基础。

### 7.5.3 构建电子围栏

在"一张图"系统内,将手机信令数据的路径与公路网、行政区划数据进行叠加,根据手机信令轨迹与行政区划边界的聚类分析结果,在东、南、西、北方向构建了 24 个电子围栏。

### 7.5.4 聚合为交通通道

将公路网、铁路网与电子围栏进行叠加分析,将落入电子围栏的公路网、铁路网等聚合为交通通道,然后进一步细分交通通道到高速公路、国道、省道及铁路等的具体路线。

### 7.5.5　交通管控建议

根据分析结果,指出公路出行规律并提出了交通管控建议,在疫情防控期间的交通管控中发挥了积极作用。

### 7.5.6　构建6035对地市级间人员流动有向图

复工复产时期,对1100亿条信令数据进行分析,从4个维度分析湖北省17个地级市和全国其他省份355个地级市的超级矩阵,研判了6035对地级市之间人员流动变化情况,构建了人员流动有向图,对人员流动情况进行日监测。

### 7.5.7　人员流动趋势分析

根据人员流动日监测情况,对人员流动趋势进行了分析,预测人员流动方向和数量,对重点区域提出交通运输组织和调度工作方案,为疫情防控调度和交通运输保障提供了决策服务支撑。

# 8 综合交通"一张图"推广应用

## 8.1 创新成果转化

结合"IT + GIS"技术,项目组一直致力于综合交通行业的 GIS 技术研究、产品研发和应用推广,通过品牌宣传、技术交流、方案咨询、发展合作伙伴、项目支持、售后服务等多种方式,促进科技成果的快速转化应用,并将应用中发现的产品问题和用户新需求不断融入新版本升级改进方案中,形成了"技术-产品-市场-规模化市场"这种模式的产品研发与服务推广的完整业务链条。根据交通行业特点和产业发展趋势,本项目的研究成果已广泛应用于交通行业经济建设、国防建设,有力支撑各行业数字化和产业化进程。

### 8.1.1 行业信息化应用

项目成果直接服务于交通运输部信息化建设,在部级国家综合交通信息平台门户各专题中广泛应用,同时在高质量发展、行业监管、甘肃省自然村组路普查和公路网"一张图"项目、"四好农村路"建设、普通省道和农村公路"以奖代补"考核、交通设施智能化更新、投资监测等信息化系统建设中得到应用,充分利用 GIS 技术手段,为行业提供信息监管手段,让服务更加智慧。

### 8.1.2　形成交通行业产业链

项目成果作为一项交通行业内的关键技术,显著提升了数据价值,降低了 GIS 与业务的耦合,对于地理信息产业具有明显的带动作用。项目组与交通运输部、各省级交通运输主管部门、科研院所、相关公司建立战略合作,形成可持续发展的交通地理信息产业生态链。

## 8.2　成果应用示范

在构建综合交通"一张图"过程中,形成的一些技术点主要应用于交通行业场景内,具体有以下方面:

(1)构建区域内的综合交通"一张图"。融合交通、城市地理信息数据和业务数据,形成智能化数据采集、更新、展示、分析的"一张图"一体化解决方案。

(2)交通设施智能化增量更新。以"1 + 1 + 1"模式对公路基础设施进行更新,从而方便快捷地反映公路建设或养护的完成情况。此部分技术集成融合了基于 GIS、卫星定位和移动互联的公路数据采集技术。

(3)面向业务场景的交通设施与 Web 地图集成。此技术应用较为广泛,主要是通过面向业务场景的 Web 地图集成,减少地图与业务的耦合,以调用基础"统一地图服务"为依托,实现快速的业务场景切换和业务移植。

(4)基于遥感影像的农村公路数据核查技术。通过基于神经网络的遥感影像识别技术,提取遥感影像上的农村公路线形、路面类型、路面宽度等属性指标,从而校核现有交通运输行业内的农村公路属性和电子地图数据。

### 8.2.1　全国农村公路基础数据管理系统

#### 8.2.1.1　项目概况

该系统是审核、汇总全国农村公路基础设施属性和电子地图数据的信息系统。该系统应用本项目的技术构架,采用高可用和负载均衡的无状态服务架构,为管理全国历年农村公路基础数据和电子地图数据提供技术支撑。

### 8.2.1.2 应用情况

该系统动态分析农村公路线形变更情况,依托本项目的遥感影像识别技术,对年度农村公路基础数据进行分析、比对,为行业内决策技术提供基础信息。

该系统支持集群环境运行和分布式部署,具备跨平台能力,并利用处理自动化技术实现零代码可视化建模。

## 8.2.2 甘肃省自然村组路普查和公路网"一张图"项目

### 8.2.2.1 项目概况

交通运输部科学研究院从2012年开始参与甘肃省公路基础设施数据更新工作。本项目以甘肃省初步掌握的自然村组道路数据库为基础,调查补充完善自然村组点位、图片、人口、户数及通达路线里程、技术等级、路面类型等基本信息,研究界定较大人口规模自然村组的范围口径,建立指标完整、数据准确、覆盖全面的甘肃省自然村组道路通达情况数据库,构建甘肃省较大人口规模自然村组通硬化路建设项目库;兼顾乡村产业振兴,同步调查农村产业路、资源路、旅游路发展需求及连接路线信息,建立甘肃省农村产业路、资源路、旅游路数据库和项目库;融合甘肃省高速公路和一级公路、普通国省道、农村公路路网数据,构建甘肃省公路网"一张图"。

### 8.2.2.2 应用情况

该项目于2021年10月上线,融合甘肃省行业内相关空间地理信息数据及大量业务数据,并可为其他信息系统提供地图服务及API服务。

该项目以2017年甘肃省自然村组道路数据和2020年甘肃省养护统计年报、农村公路基础设施统计调查数据为基础,基于高分卫星遥感影像,通过智能识别分析技术完成对电子地图数据与高分卫星遥感影像准确性的定量智能识别匹配。应用基于深度神经网络的遥感影像识别技术,采用自主研发的计算机深度神经网络架构,有效排除季节更替、地表类型变化、林木遮挡等干扰因素,过滤其他地物,形成仅包含道路路面的卫星影像。建立了覆盖全面的甘肃省自然村(组)道路和乡镇通三级及以上公路基础数据库、甘肃省较大人口规模自然村(组)通硬化路和乡镇通三级及以上公路建设项目库、甘肃省农村产业路、资源路、旅游路建设需求数据库和建设项目库,并以多源数据融合技术、交通大规模时空数据技术及智能化增量更新等技术实现了甘肃省综合交通"一张图"。

### 8.2.3 天津公路基础数据更新项目

#### 8.2.3.1 项目概况

随着移动硬件设备的智能化,移动硬件的通用性越来越强,越来越多的技术与移动端相结合。天津公路基础数据通过移动外业采集及内业基础数据处理的方式,形成公路基础设施数据智能化更新的模式,满足行业年度数据更新的工作需求。

#### 8.2.3.2 应用情况

该项目以 GIS 技术为依托,构建基于高可用、负载均衡的无状态 GIS 服务架构的公路基础设施智能增量更新系统。该系统对历年天津管辖区域内的公路及公路沿线设施进行统一管理,以分布式架构为基础,对全市的公路时空数据进行统一组织、管理。

### 8.2.4 内蒙古公路基础数据更新项目

#### 8.2.4.1 项目概况

该项目是应用 GIS 技术,利用基于对象存储的大规模并行分布式集群架构,以多节点部署的交通 GIS 应用信息系统。该系统为区、盟、旗三级交通运输主管部门提供公路基础数据管理、应用信息服务。

#### 8.2.4.2 应用情况

该项目利用开源 GIS 框架,采用多节点部署方式,使用 Nginx 作为负载均衡器,通过配置 Nginx 的轮询、IP Hash、最少连接、加权轮询、加权最少连接等策略实现负载均衡。

该项目实现对公路基础设施数据的日常管理维护,同时为自治区级、盟市级、旗县级业务人员提供对公路、桥梁、隧道、乡(镇)/建制村的各单位数据情况进行汇总分析、对比的服务,从而形成全区 4.1 万 km 国省干线和 17.7 万 km 的农村公路自动化、智能化的增量更新平台。

### 8.2.5 河南省"四好农村路"综合管理系统

#### 8.2.5.1 项目概况

为落实交通运输领域中央与地方财政事权和支出责任划分改革要求,构建河南省农村公路监管信息化、数字化的平台,以提升农村公路治理能力水平和推动"四好农村路"高质量发展。

#### 8.2.5.2 应用情况

河南省"四好农村路"综合管理系统建设是一个综合性、系统性工程,涉及体制机制改革、标准制度建立、信息系统融合以及维护运营推广等诸多方面,平台为省、地市、县三级农村公路主管部门提供支撑农村公路建设、管理、养护、运营等核心业务管理的技术服务,有效辅助河南省交通运输主管部门开展农村公路基础设施数字化治理和农村公路资金决策、建设监管、养护实施、绩效考核等工作。

系统以集群的方式部署在"河南·交通运输子云"上,系统以公路网基础数据和电子地图为核心,融合展示辖区内公路、桥梁、隧道、渡口、居民点等基础设施属性信息、业务信息、空间电子地图和遥感影像,同时结合河南省普通省道和农村公路建养管理中产生的实时业务数据、年度目标任务数据、考核数据等,共同构成普通省道和农村公路"一张图",一体化、立体化直观展示普通省道和农村公路地理位置、属性信息、建设信息、资金信息、招投标合同、质量和安全信息以及验收评定信息等综合业务数据,为各级交通运输主管部门提供综合展示平台。网络架构图如图 8-1 所示。

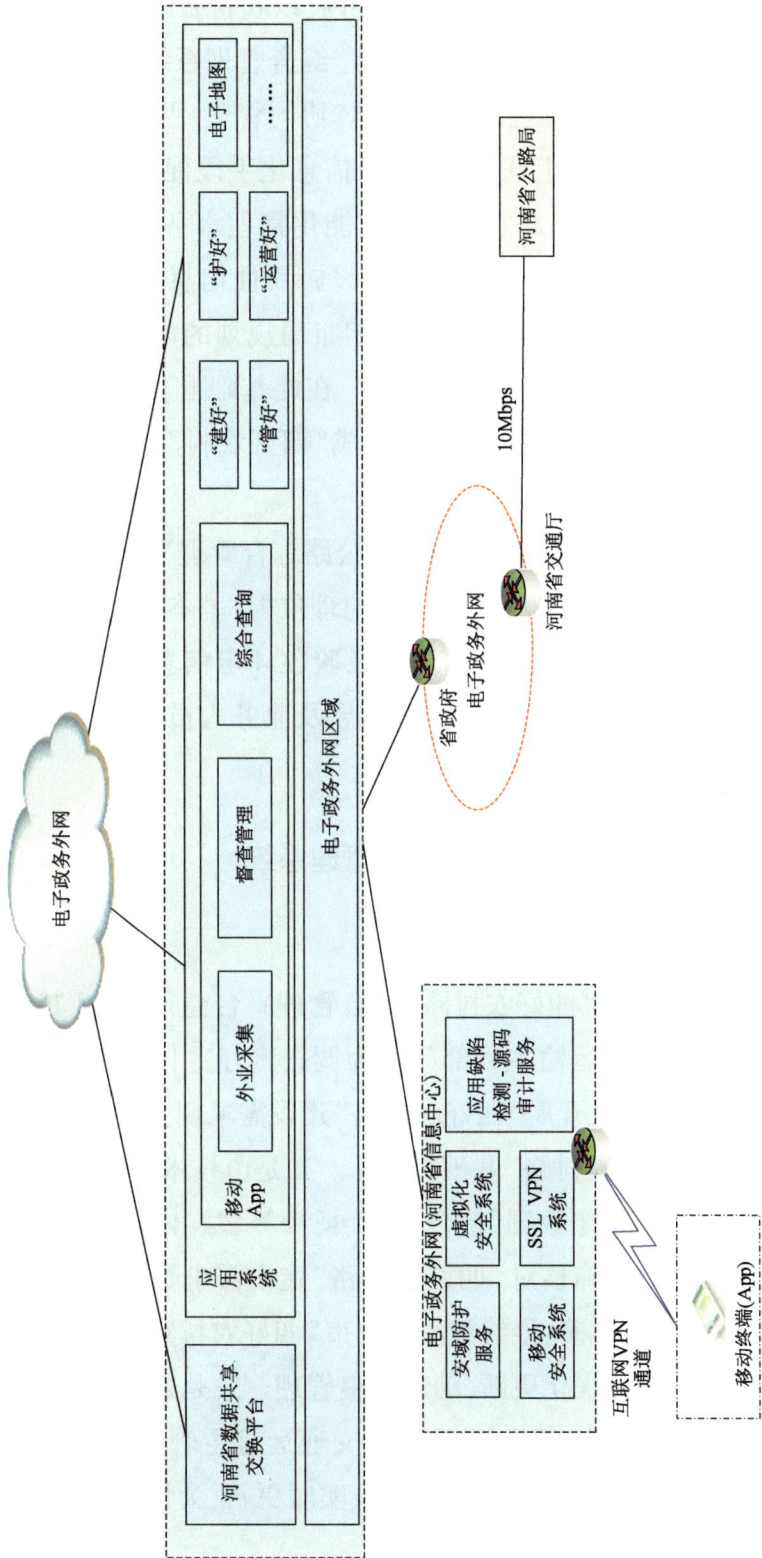

图8-1 网络架构图

在河南省智慧公路综合管理平台框架内,以农村公路建设、管理、养护、运营等核心业务为重点,构建"四好农村路"综合管理系统,横向实现农村公路规划、计划、建设、养护和运营"五位一体"协同管理,纵向实现省、地市、县各级农村公路主管部门线上联动作业,以信息化手段促进农村公路管理流程变革和管理机制建设,提高农村公路智能化管理水平和农村公路服务水平。融合公路、桥梁、隧道、居民点等基础设施属性信息、业务信息、空间电子地图和遥感影像,以及五年规划、中长期布局规划的电子地图信息、多媒体信息等,形成公路基础设施 GIS 静态图。在此基础上,加载全省农村公路建管养运过程中产生的实时业务数据,形成"四好农村路"建管养运的动态运行图。

静态图和动态运行图构成"河南智慧公路综合管理平台普通公路'一张图'",一体化、立体化直观展示农村公路地理位置、基本信息、建设信息、资金信息、招投标合同、质量及安全信息以及验收评定信息、管理、养护、运营等综合业务信息,为各级交通运输主管领导及业务人员提供 GIS 综合展示平台。

### 8.2.6 重庆市"四好农村路"综合管理系统

#### 8.2.6.1 项目概况

2019 年重庆市启动"四好农村路"综合管理平台建设工作,其主要目的如下。一是以区县交通运输主管部门作为调查责任主体,按照相关技术要求,运用数字终端等手段开展"四好农村路"建设需求调查,构建涵盖公路现状及建设需求的"四好农村路"基础数据库。二是由技术支持单位应用地理信息矢量数据和遥感影像数据,结合图像、视频等多媒体信息,以及通过实地核查等方式,全面、准确核对"四好农村路"建设需求数据,确保建设项目真实、线形等技术状况准确,最终建立重庆市"四好农村路"通硬化路建设项目库。项目库进行局部优化更新,动态调整管理。三是通过数据处理、数据审核、数据汇总,并依托监管平台,为各级交通运输主管部门提供真实可靠的"四好农村路"基础数据,实现数据共享、实时更新,为计划、管理等业务工作提供决策依据。

### 8.2.6.2 应用情况

为建好、管好、护好、运营好农村公路,重庆启动"四好农村路"建设三年行动,以路兴业,以业富民,既改善农村交通条件,又扩大政府有效投资,更拓宽产业致富通道。在此背景下启动本系统的建设工作,为省、市、区(县)三级用户进行农村公路的信息化管理提供便利条件。

系统通过内外网网闸的方式分离访问,以地图数据为基础,以管理"四好农村路"建设过程中各类项目为出发点,全流程监控各类项目的进展情况。采用了基于移动互联网技术、移动 GIS 技术、J2EE 架构的移动应用平台,基于 Web Service 技术实现了移动应用平台与建设监管平台、电子地图服务等的各种业务交互。移动应用平台包括基础设施采集、数据查询浏览和督查管理等业务功能。

## 8.2.7 贵州省农村"组组通"公路管理系统

### 8.2.7.1 项目概况

贵州省于 2017 年启动农村"组组通"三年大决战,决定三年建成 8.08 万 km 的通组硬化路,通畅 4.1 万个 30 户以上村民组。贵州省交通运输厅组建了农村"组组通"硬化路三年大决战办公室,运用农村"组组通"硬化路监管平台,实现了项目建设链条式管理。

(1)数据运用"一个库"。运用卫星定位技术采集通组硬化路电子地图数据,并依托卫星遥感影像图片进行比对分析,精准掌握村民组具体坐标及项目位置、建设里程、实施范围,汇集形成通组硬化路项目数据库。

(2)建设管理"一个监管平台"。省、市、县、乡、村五级联动,通过监管平台规划管理、建设进度、质量验收等 15 个应用模块,科学制订施工计划,最大限度汇集各方力量推动项目建设。

(3)过程管控"一条线"。通过"组组通"硬化路监管平台,实现了现场监督"四个同步",即:发现问题同步下发督办通知书,同步责令施工单位限期整改,同步将问题清单上传监管平台,同步核实上次督查问题整改情况。

(4)监督问责"一张网"。将通组硬化路建设规模、中标情况、工程进展、资金使用、质量验收等信息通过监管平台与"贵州省扶贫民生领域监督系统"共享,构建"数据铁笼",形成"来源可查、去向可追、监督留痕、责任可究"的完整信息链条。

### 8.2.7.2 应用情况

以贵州省 16 万 km 农村公路名录和电子地图数据为基础,构建贵州省农村公路建设项目库,融合公路基础设施属性、空间、遥感影像数据以及项目库管理、计划安排、项目招标、进度监管、资金拨付、质量安全监督、验收评定、路况检测、养护管理等全业务流程管理,面向省、市(州)、县以及贵州省各级交通运输主管部门、设计施工单位、质量安全监督单位等多类用户,建设标准一致、流程规范、功能完善的"四好农村路"综合管理平台和移动应用平台,配套建立系统应用的相关规章制度,为"四好农村路"的建、管、养工作提供全省统一的智能管理平台,为全省全面建成小康社会、实现乡村振兴奠定坚实基础。

该系统将 GPS 数据采集技术、移动互联网技术和 GIS 技术逐步地、集成性地引入贵州省农村公路管理部门,使贵州省农村公路外业调查进入数字化阶段,农村公路信息管理实现全程计算机化和可视化,农村公路建设项目、投资计划乃至全流程、全生命周期的业务管理实现了科学化、精细化和规范化,有效促进了贵州省农村公路管理信息化水平的逐步提高,实现了农村公路管理领域的技术跨越,体现了信息化自身的价值。

## 8.2.8 贵州省"四好农村路"综合管理系统

### 8.2.8.1 项目概况

贵州省于 2019 年 4 月全面完成了贵州省农村"组组通"公路建设任务,累计建成通组硬化路 7.87 万 km,实现 3.99 万个 30 户以上的村民小组 100% 通硬化路。在"组组通"公路建设过程中,贵州省公路局充分利用大数据手段,与交通运输部科学研究院合作研发了贵州省农村"组组通"硬化路监管平台,通过构建"数据铁笼",为项目建设科学决策、精准监管提供数据支撑,对项目建设的项目库、计划、招投标、进度、质量、督查以及列养等业务进行全流程全方位的动态监管,有效破解了监管盲区问题,保障了贵州省"组组通"公路建设任务的高质量完成。下一步,为充分应用"组组通"硬化路监管平台,继续推进贵州省农村公路建好、管好、护好、运营好工作,全过程监管贵州省"四好农村路"创建,进一步提升贵州省农村公路行业管理的科学化和精细化水平,将开展贵州省"四好农村路"综合管理系统(简称"四好"系统)建设。

### 8.2.8.2 应用情况

"四好"系统建设的总体目标是:以贵州省农村公路基础属性数据和电子地图数据为基础,汇聚贵州省农村公路规划、计划、建设、养护、运营等业务信息,面向贵州省、市、县三级交通运输主管部门,构建涵盖建好、管好、护好、运营好等"四好农村路"创建业务全过程的综合管理系统,为贵州省农村公路行业管理和"四好农村路"示范县的创建、监管和考核评价提供统一技术平台,进一步提升贵州省农村公路行业管理的效率、科学化和精细化水平。

"四好"系统的建设是为了解决贵州省公路局省、市、县、乡四级的公路站管理人员对全省公路的"建""管""用"问题。采取租用"云上贵州"硬件资源,并利用接口调取贵州省智慧交通云已建的支撑平台中的 GIS 平台、大数据分析平台等支撑平台,在此基础上新建"四好"系统。"四好"系统包括门户(系统首页)、电子地图、汇总报表、综合管理、移动 App 以及"建好""管好"和"用好"等功能。

电子地图模块是辅助业务开展的一项可视化展示,该系统可对路网基础数据、规划项目和计划项目进行查询定位,可将查询条件查询出的结果在矢量和影像底图上定位展示,并展示其基础属性信息及建设项目信息。系统架构图如图 8-2 所示。

## 8.2.9 四川省公路水路投资计划管理系统

### 8.2.9.1 项目概况

四川省 2018—2022 年智慧交通发展思路和目标任务中明确,五年间四川省智慧交通发展将重点围绕"让交通出行更便捷、让运行管理更高效、让决策管理更科学"的目标,聚焦基础设施、生产组织、运输服务和决策支持等重要领域,提升基础能力,实现重点突破。

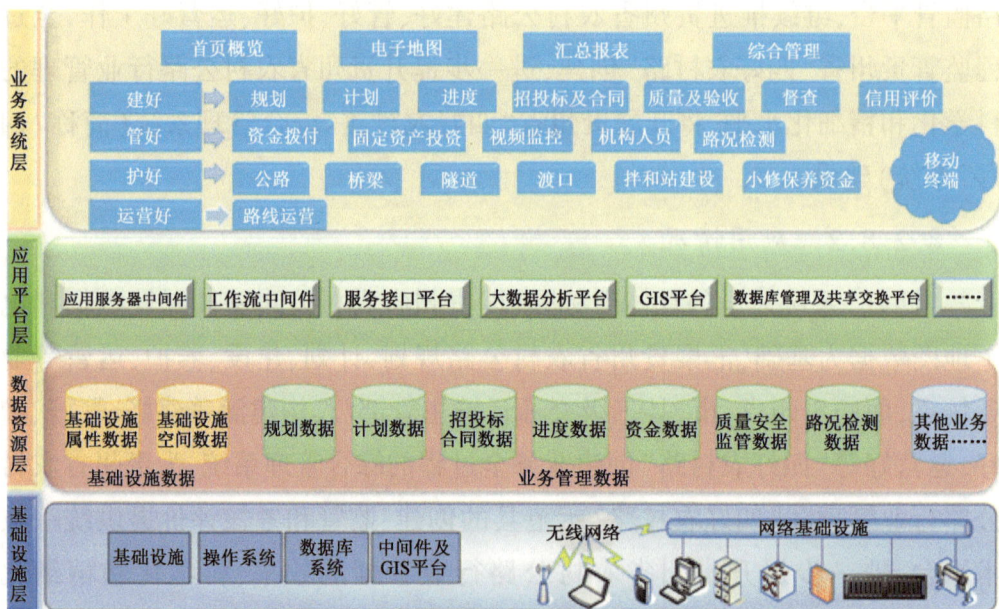

图 8-2　系统架构图

四川省交通运输部门在"十三五"期间大力发展信息化建设,经过多年发展,四川省交通运输信息化正在由业务办公的支撑工具逐步转变为促进重大改革措施贯彻实施、支撑重大问题决策研判、推动重点工作督查落实、提高服务人民群众水平的有力抓手,成为交通运输管理部门平稳运转和高效履职不可或缺的手段。然而,随着交通运输行业的迅猛发展,以及交通运输管理部门管理工作的逐步优化调整,交通运输业务管理和服务工作仍存在一些突出矛盾和问题。

### 8.2.9.2　应用情况

该系统管理四川省公路水路交通基础设施属性和电子地图数据,同时配置移动采集设备,为公路水路基础设施的属性和电子地图同图展示和同图管理,普通公路综合管理与决策支持平台以交通 GIS 平台"一张图"为基础,实现四川省各级公路管理部门信息资源的衔接和共享,为四川省普通公路业务管理搭建统一的信息平台。

普通公路综合管理与决策支持平台应用系统(图 8-3)面向的用户对象包括四川省交通运输厅公路局、市州公路局、县区公路处及基层养护站共四级用户。在统一门户下,通过本工程新建系统或省厅统筹建设系统,实现普通公路全路网的规划和计划管理、建设项目管理、养护管理(包括省、市、县级的养护行业管理和基层养护站的养护生产作业管理)、应急管理、综合分析与决策支持等行业管理功能。系统集中部署在省厅交通云整合平台上，各级用户通过交通专网联网使用。

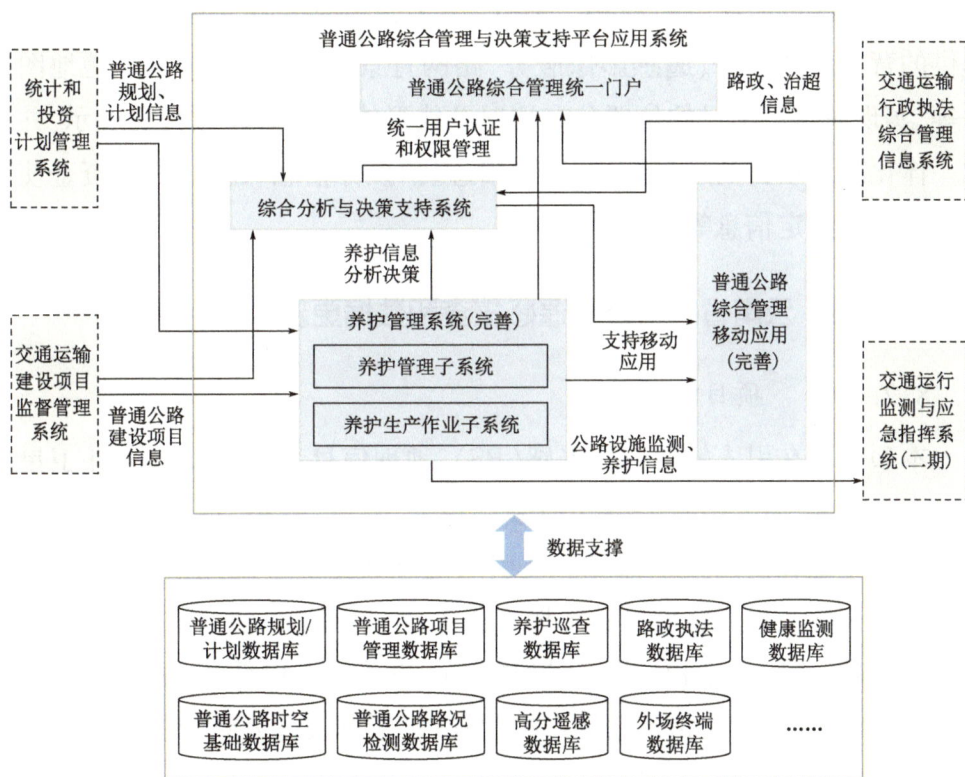

图 8-3  普通公路综合管理与决策支持平台应用系统结构

该系统应用本项目中的交通大规模时空数据组织管理四川省公路水路基础设施数据，同时融合行业内的业务及动态数据，提供交通电子地图编辑、空间分析、在线智能制图等功能，从而为四川省公路水路投资决策提供基础数据支撑。

四川省交通 GIS 平台整合了三维地理信息、空间对象信息、基础设施、主要构筑物、沿线设施，沿线环境和地形地貌等三维数字化信息，为各层级的交通建设信息化应用提供数字基础设施资源支撑。本系统基于四川省交通运输厅现有的 GIS 平台，建设交通运输安全监察"一张图"。对安全监管组织机构信息、安全监督检查数据、企业风险信息、重大风险信息、企业隐患数据、重大隐患数据、事故数据、巡检信息、养护信息、统计展现数据等进行整合,集成隐患主题、风险主题、安全生产机构主题、监督检查主题、工程项目建设安全生产主题、极端天气主题、实时监控主题等 7 个主题,以专题图等形式展现一图两表(交通运输安全监察一张图、风险清单、隐患清单),并开展基于 GIS 的监测分析应用。另外,基于四川省公共交通 GIS 地图平台提供的背景地图服务、遥感影像服务、路网背景服务、计划项目专题地图服务等,实现对建设项目的位置分布情况及线形线位的立体化直观展示,并可以一体化展示项目的规划信息、计划信息、招投标信息、建设情况、资金使用情况和验收评定信息等综合业务信息。

### 8.2.10 云南省农村公路遥感核查和数据更新项目

#### 8.2.10.1 项目概况

本项目旨在引入航空航天遥感(RS)、地理信息系统(GIS)、北斗卫星定位(BDS)技术,为云南省公路交通领域规划、建设、养护、管理、运营提供翔实的数据基础和空间技术保障。在引入遥感数据的基础上,利用遥感技术在云南省开展农村公路现状遥感核查服务,全面摸清云南省农村公路底数,以此为基础,通过新建和升级的方式,建设相关信息化系统,供业务处室日常使用,实现对农村公路数据的可视化管理、新增农村公路的遥感核查与路网数据更新,建立农村公路数据更新的长效机制。

#### 8.2.10.2 应用情况

在省级公路卫星遥感核查服务平台实现遥感影像与核查成果展示、查询与管理。平台通过叠加公路路网矢量和高分辨率遥感影像数据,形成系统基础底图,并在此基础上,实现对于各类核查成果、影像的展示、查询和管理功能,为后续业务的持续性发展做铺垫。平台主要包括可视化展示、数据管理、系统管理等子系统,另外可对平台的功能模块进行扩充,为今后的规划编制、计划下达、进度监管、养护管理等工作提供基础环境支撑和数据支持。本系统主要包括可视化展示、数据管理、系统管理等子系统。

以 2019 年农村公路基础数据与电子地图成果数据为基础,利用亚米级高分辨率遥感影像数据对云南省农村公路线位、路面宽度、路面类型,建制村、自然村点位、优选通达路线,以及桥梁点位及属性等情况进行遥感核查,全面核清农村公路现状数据精度及准确度,做到电子地图数据与实际相符,为农村公路规划、研究、决策和形成完备的公路基础数据提供支撑。通过遥感影像开展以下相关工作:①列统农村公路遥感核查;②未列统农村公路遥感核查;③农林场公路核查;④农村公路相关点位核查。

### 8.2.11 陕西省村道核查项目

#### 8.2.11.1 项目概况

通过卫星遥感影像技术手段,抽取约3.5万km村道,重点针对轨迹失真、路线重复等情况进行复核,同时复核抽取路段的路基(路面)宽度、路面铺装类型、路线长度、桥(隧)构造物的位置信息。对村道电子地图轨迹及基础设施数据的复核结果进行分析、梳理,并分类汇总。梳理数据存在的问题,提出相应对策,并形成成果报告,同时就如何做好农村公路基础设施调查工作提出合理化建议。

#### 8.2.11.2 应用情况

本项目主要是获取卫星遥感影像数据后,应用"遥感影像＋电子地图"技术手段,协助省公路局对陕西省部分村道基础设施数据进行复核,其中对3.5万km村道进行重点深入核查,针对轨迹失真的情况对数据进行再次复核,由县(区、市)交通运输局(或公路局)修正相应数据。

# 9  总结与展望

## 9.1  总结

从 2017 年起,项目组开始融合汇聚各类交通地理信息资源,突破制约交通地理信息数据生产、汇聚、入库、发布服务等技术壁垒,研制行业内的交通地理信息产品,将 GIS 技术与常态业务融合更新,形成了完善的"标准规范 + 关键技术 + 技术应用"的综合交通"一张图",创新交通地理信息应用服务模式,为促进交通地理信息资源开发利用、提升信息服务能力发挥了积极作用。相关技术先后在天津、内蒙古、黑龙江、江苏、湖北等省(区、市)的信息系统和数据分析、展示等相关工作中得到广泛应用。其中,项目重要行业标准成果《公路水路交通地理信息数据交换内容和格式》(JT/T 1396—2021)已在交通行业地理信息数据交换和共享工作过程中,得到广泛应用。本项目历经 7 年的技术攻关,取得了 14 项专利、4 部专著、54 项软件著作权及 29 篇论文等的丰硕成果。另外,还产生以下五方面的技术成果:

(1)针对现有海量交通地理信息数据交换共享标准不统一、应用困难、数据交换渠道不畅通等问题,研究制定行业内的数据交换共享技术规范,并于 2022 年 2 月 1 日在行业内实施,解决了交通运输行业内数据交换共享的难题,为数据交换共享提供技术保障。

(2)针对现有交通地理信息数据规模大、服务不统一、服务低效等问题,研发了一套集数据汇聚、数据处理加工、数据入库管理、数据应用服务、统一地图服务、发展评价等功能于一体的全流程地理信息"一张图"应用服务信息系统。该信息系统以海量数据并行计算资源、高并发网络资源、可靠稳定安全资源等基础设施为依托,以多源异构数据智能汇聚技术、GIS 服务架构技术、基于对象存储的大规模并行分布式集群技术为支撑,以大规模交通时空数据为基础,以一体化时空融合、智能制图与地图综合表达、智能交通设施增量更新、遥感影像识别等为手段,实现了多源综合交通异构数据的管理与应用。

(3)攻克了基于对象存储的大规模并行分布式集群存储难题。研究提出一种多树结构下的多时相三维切片数据对象存储技术、数据分片与去重技术优化对象存储技术,并利用性能预测的数据布局策略,攻克了基于对象存储的大规模并行分布式集群存储难题,解决交通领域内大规模时空异构数据的存储难题。

(4)实现了面向业务场景的综合交通设施数据与 Web 地图集成。以多元化业务数据定制化、动态可配置及模块化相集成为依托,以交通设施智能化增量更新为场景,实现了交通设施数据与 Web 地图无缝集成。

(5)针对"面广、线长、分散"农村公路的核查难题,创新应用深度神经网络技术。研究形成基于深度神经网络的遥感影像路网提取算法模型、提取遥感影像路面宽度算法模型、提取路面类型算法模型,攻克了自动识别遥感影像中交通设施空间地理信息数据的业务难题,形成了自动化核查农村公路线形及关键指标数据的产品。

## 9.2 展望

### 9.2.1 技术展望

本项目中应用到的技术较多,但有些技术在项目应用过程中仍存在种种问题,在技术层面的发展方向有以下方面:

(1)无状态服务架构地理信息服务。地理信息平台在构建集群模式下,组织协调各类无状态的地理信息服务,以实现在无状态服务下快速增加地理信息服务节点。这种模式下不依赖于特定实例的状态,可按需添加或删除地理信息服务;同时,更容易实现高可用性、负载均衡,可以快速地避开故障节点。

(2)深度学习在交通目标识别、像素级分类和场景方面的应用。本项目在基于深度神经网络的利用遥感影像识别交通设施地理空间位置的技术方面有较大的突破及较好的应用,但识别的地物种类较少,且样本训练的难度较大,可结合 GIS 技术,提高识别交通设施的精度及增加识别种类。

(3)交通设施时空数据模型的应用。在构建面向交通业务场景与 Web 地图应用的基础上,将可扩展 GIS 的 Web 地图与行业业务深度融合,降低 GIS 的技术门槛,推动交通行业与 GIS 的融合应用。

### 9.2.2　应用展望

(1)面向新时代综合交通"一张图"应用过程中出现的新形势、新局面、新问题,持续完善优化地理信息综合应用功能,加快形成交通基础设施管理新质生产力。

(2)面向公众服务,积极推进五类技术成果转化,大幅提升地理信息技术在交通运输领域内的服务水平,改善用户体验,为用户创造更多的价值。

(3)面向部门管理,加强 AI、人工智能与 GIS 技术的融合,使得交通"一张图"更具活力和智慧,显著提升交通行业"图览天下、图控交通"的管理能力。

# 参 考 文 献

[1] 乔娟,魏清,杨鹏.高分遥感在农村公路基础数据更新中的应用[J].交通世界, 2022(20):13-15.

[2] 王怡君,李旺平,柴成富,等.基于改进 U-Net 网络的遥感影像农村道路矢量中心线 提取及优化[J].地理与地理信息科学,2024,40(4):34-39.

[3] 陈玉梅,余洪山,贺攀峰.一种分层并行迭代式链码跟踪直线提取算法[J].郑州大 学学报(工学版),2006(2):94-97.

[4] 魏小峰,程承旗,陈波,等.基于独立边数的链码方法[J].浙江大学学报(工学版), 2018,52(9):1686-1693.

[5] 邓仕超,李伟明,龙芋宏,等.一种改进的二值图像边界跟踪与边界链码获取算法 [J].激光与光电子学进展,2018,55(6):147-153.

[6] 高荣华,张有会,曹清洁,等.顶点链码表示区域的面积计算[J].计算机应用与软 件,2005(8):106-108.

[7] 吴元敏.基于 Freeman 链码的图像中多个区域面积的计算方法[J].计算机工程与 应用,2008(15):199-201.

[8] 王竞雪,宋伟东,赵丽科,等.改进的 Freeman 链码在边缘跟踪及直线提取中的应用 研究[J].信号处理,2014,30(4):422-430.

[9] 中华人民共和国交通运输部.小交通量农村公路工程技术标准:JTG 2111—2019 [S].北京:人民交通出版社股份有限公司,2019.

[10] 马骁,张晓征,范文涛,等.面向农村公路高分遥感影像道路提取的卷积神经网络 架构[J].交通运输研究,2021,7(5):91-98.

[11] 范文涛,马骁,崔应寿,等.基于高分遥感影像的农村地区公路网规模预测[J].交 通运输研究,2022,8(1):12-18.

[12] 林雨准,刘智,王淑香,等.基于卷积神经网络的光学遥感影像道路提取方法研究 进展[J].吉林大学学报(地球科学版),2024,54(3):1068-1080.